一般社会人に必須の
個人情報保護実務検定 3級
公式問題集

個人情報保護実務検定／受験ガイド

● 本試験は個人情報保護法を良く理解し、企業などにおいて、個人情報を適法・適正に利用することができる知識の習得を目的としています。
一般の方から企業人までを対象としており、どなたでも受験することができます。

3級　一般社会人として必須の知識を身に付けたい方

個人情報保護実務検定3級は課題Ⅰ「個人情報保護の総論」の「個人情報保護法の理解」に限られます。ガイドラインや安全管理措置の細かな内容及び課題Ⅱ「個人情報保護の対策と情報セキュリティ」は含みません。
一般社会人に必要と思われる部分を出題範囲としています。

課題		出題内容
Ⅰ 個人情報保護 の総論	個人情報保護法の理解	個人情報保護法の歴史
		個人情報に関連する事件・事故
		各種認定制度
		個人情報の定義と分類
		個人情報取扱事業者
		条文に対する知識と理解
試験形態	マークシート方式	
制限時間	60分	
問題数	50問	
合格点	80%	
検定料(税抜)	6,000円	

[備考]
・出題項目が変更となる場合がありますので、受験申込時にホームページにてご確認ください。
・制限時間に説明時間等は含みません。
・試験は筆記試験でマークシートにより実施します。

主催・お問合せ先
一般財団法人　全日本情報学習振興協会
東京都千代田区三崎町3-7-12 清話会ビル5階　TEL. 03-5276-0030　FAX. 03-5276-0551
http://www.joho-gakushu.or.jp/

一般社会人に必須の
個人情報保護実務検定
公式問題集

3級

出題分野

課題Ⅰ　個人情報保護の総論
- 個人情報保護法の理解

※2択と4択の問題数の比率は、実際の試験と異なる場合があります。
※平成27年9月9日に公布された個人情報保護法の改正法は、何回かに分けて段階的に施行されるため、解説において、「現行法」と「改正法」の条文番号が異なる箇所については、それぞれの条文番号を表記しています。

課題Ⅰ 個人情報保護の総論

■ 以下は、個人情報保護の総論に関する問題である。正しい場合にはアを、誤っている場合にはイを選択しなさい。

問題01 個人情報保護法の制定以前には、我が国において、個人情報保護について定めた法律は存在しなかった。

　　ア．正しい　　イ．誤っている

解説▶▶ 個人情報保護法制定の経緯・社会的背景

2003年5月の個人情報保護法の制定以前にも、我が国においては、1988年に公布された「行政機関の保有する電子計算機処理に係る個人情報の保護に関する法律」等の個人情報保護について定めた法律が存在した。

解答▶▶イ

問題02 OECD8原則のうち、個人データは、適法・公正な手段により、かつ、情報主体に通知又は同意を得て収集されるべきとする「収集制限の原則」は、個人情報保護法上の適正な取得（17条）に反映されている。

　　ア．正しい　　イ．誤っている

解説▶▶ OECD8原則

OECD8原則のうち、個人データは、適法・公正な手段により、かつ、情報主体に通知又は同意を得て収集されるべきとする「収集制限の原則」は、個人情報保護法上の適正な取得（17条）に反映されている。

解答▶▶ア

個人情報保護法の理解

問題 03 JIS Q 15001は、事業者の代表者に対して、個人情報保護の理念を明確にした上で、個人情報保護方針を定めるとともに、これを実行し維持しなければならないとしている。

　　ア．正しい　　イ．誤っている

解説▶▶ JIS Q 15001

JIS Q 15001は、事業者の代表者に対して、個人情報保護の理念を明確にした上で、個人情報保護方針を定めるとともに、これを実行し維持しなければならないとしている。

解答▶▶ ア

問題 04 プライバシーマーク制度は、日本工業規格のJIS Q 15001の適合性を評価する制度である。

　　ア．正しい　　イ．誤っている

解説▶▶ JIS Q 15001・プライバシーマーク制度

プライバシーマーク制度は、日本工業規格のJIS Q 15001の適合性を評価する制度である。適切な個人情報保護のための体制を整備している事業者に対し、その申請に基づいて、一般財団法人日本情報経済社会推進協会（JIPDEC）及びその指定審査機関が評価・認定し、その証として、プライバシーマークを付与している。

解答▶▶ ア

課題Ⅰ　個人情報保護の総論

問題 05 プライバシーマーク制度は、その目的として、消費者の目に見えるプライバシーマークで示すことによって、個人情報の保護に関する消費者の意識の向上を図ることを挙げている。

　　ア．正しい　　イ．誤っている

解説▶▶ プライバシーマーク制度

プライバシーマーク制度は、その目的の1つとして、消費者の目に見えるプライバシーマークで示すことによって、個人情報の保護に関する消費者の意識の向上を図ることを挙げている。

解答▶▶ ア

問題 06 個人情報保護法には、個人情報の漏えいによって損害が生じた場合、損害賠償請求をすることができるといった規定が存在する。

　　ア．正しい　　イ．誤っている

解説▶▶ 個人情報保護法の現状・総論

個人情報保護法には損害賠償に関する規定は存在せず、個人情報の漏えいによって損害が生じた場合の損害賠償請求については、民法等の規定によることになる。

解答▶▶ イ

問題 07 学校や自治会において、連絡先等が書かれた名簿や緊急連絡網などを作成・配付することは禁止されておらず、本人の同意がなくても作成・配付をすることができる。

　　ア．正しい　　イ．誤っている

解説 ▶▶ 個人情報保護法の現状・総論

学校や自治会における名簿や緊急連絡網などの作成については、個人情報保護法上、利用目的（緊急連絡網として使用するなど）を定めて、本人や保護者から同意を得て作成することが必要であり、同意が不要となるわけではない。

解答 ▶▶ イ

問題 08 個人情報保護法1条は、「個人情報の有用性に配慮しつつ、個人の権利利益を保護することを目的とする」と規定しており、個人の権利利益の保護のみならず、個人情報の有用性にも配慮することが目的に含まれている。

　　ア．正しい　　イ．誤っている

解説 ▶▶ 個人情報保護法総論（1条）

個人情報保護法1条は、「個人情報の有用性に配慮しつつ、個人の権利利益を保護することを目的とする」と規定しており、個人の権利利益の保護のみならず、個人情報の有用性にも配慮することが目的に含まれている。

解答 ▶▶ ア

課題Ⅰ　個人情報保護の総論

問題09 人の評価に関する情報は、「個人情報」に当たることがある。

　　　　ア．正しい　　イ．誤っている

解説▶▶ 個人情報（2条）

「個人情報」とは、生存する「個人に関する情報」であって、当該情報に含まれる氏名、生年月日その他の記述等により特定の個人を識別することができるもの（他の情報と容易に照合することができ、それにより特定の個人を識別することができることとなるものを含む。）をいうと定義されている（2条1項）。

従って、人の評価に関する情報は、「個人情報」に当たることがある。

　　　　　　　　　　　　　　　　　　　　　　　　解答▶▶ ア

問題10 官報、電話帳、職員録等で公にされている情報は、「個人情報」に当たることはない。

　　　　ア．正しい　　イ．誤っている

解説▶▶ 個人情報（2条）

「個人情報」とは、生存する「個人に関する情報」であって、当該情報に含まれる氏名、生年月日その他の記述等により特定の個人を識別することができるもの（他の情報と容易に照合することができ、それにより特定の個人を識別することができることとなるものを含む。）をいうと定義されている（2条1項）。

従って、官報、電話帳、職員録等で公にされている情報であっても、「個人情報」に当たることがある。

　　　　　　　　　　　　　　　　　　　　　　　　解答▶▶ イ

問題11 映像情報（防犯カメラに記録された情報等）は、「個人情報」には当たらない。

　　ア．正しい　　イ．誤っている

解説 ▶▶ 個人情報（2条）

本人が判別できる映像情報（防犯カメラに記録された情報等）も、「個人情報」に当たり得る。

解答 ▶▶ イ

問題12 従業者が、自己の名刺入れについて他人が自由に検索できる状況に置いており、他人には容易に検索できない独自の方法により名刺を分類した状態である場合、「個人情報データベース等」に該当する。

　　ア．正しい　　イ．誤っている

解説 ▶▶ 個人情報データベース等（2条2項、改正後2条4項）

個人情報保護法2条2項（改正後2条4項）で定義を規定している「個人情報データベース等」とは、①特定の個人情報をコンピュータを用いて検索することができるように体系的に構成した、個人情報を含む情報の集合物、又は②コンピュータを用いていない場合であっても、カルテや指導要録等、紙面で処理した個人情報を一定の規則（例えば、五十音順等）に従って整理・分類し、特定の個人情報を容易に検索することができるよう、目次、索引、符号等を付し、他人によっても容易に検索可能な状態に置いているものをいう（2条2項、改正後2条4項、個人情報の保護に関する法律施行令1条）。

従って、従業者が、自己の名刺入れについて他人が自由に検索できる状況に置いていても、他人には容易に検索できない独自の分類方法により名刺を分類した状態である場合は、「個人情報データベース等」に該当しない。

解答 ▶▶ イ

課題Ⅰ　個人情報保護の総論

問題13　「個人情報取扱事業者」に当たるためには、個人情報データベース等を事業の用に供していることが必要である。

　　　　ア．正しい　　　イ．誤っている

解説 ▶▶ 個人情報取扱事業者（2条3項、改正後2条5項）

「個人情報取扱事業者」とは、個人情報データベース等を事業の用に供している者をいうと定義されている（2条3項本文、改正後2条5項本文）。また、「個人情報取扱事業者」から除外される者についても規定されている（2条3項ただし書、改正後2条5項ただし書）。

解答 ▶▶ ア

問題14　個人情報データベース等を構成する前の入力帳票に記載されている個人情報も、「個人データ」に該当する。

　　　　ア．正しい　　　イ．誤っている

解説 ▶▶ 個人データ・保有個人データ（2条4項・5項、改正後2条6項・7項）

「個人データ」とは、個人情報取扱事業者が管理する「個人情報データベース等」を構成する個人情報をいうと定義されている（2条4項、改正後2条6項）。また、「保有個人データ」とは、個人情報取扱事業者が、開示、内容の訂正、追加又は削除、利用の停止、消去及び第三者への提供の停止を行うことのできる権限を有する個人データであって、その存否が明らかになることにより公益その他の利益が害されるものとして政令で定めるもの又は1年以内の政令で定める期間（6か月）以内に消去することとなるもの以外のものをいうと定義されている（法2条5項、改正後2条7項）。

従って、「個人データ」とは、個人情報取扱事業者が管理する「個人情報データベース等」を構成する個人情報をいい、個人情報データベース等を構成する前の入力帳票に記載されている個人情報は、「個人データ」に該当しない。

解答 ▶▶ イ

問題15 家庭内暴力、児童虐待の被害者の支援団体が、加害者（配偶者又は親権者）及び被害者（配偶者又は子）を本人とする個人データを保有している場合、当該個人データは「保有個人データ」に該当する。

　　　ア．正しい　　イ．誤っている

解説▶▶ 個人データ・保有個人データ（2条5項、改正後2条7項）

「保有個人データ」とは、個人情報取扱事業者が、開示、内容の訂正、追加又は削除、利用の停止、消去及び第三者への提供の停止を行うことのできる権限を有する個人データであって、その存否が明らかになることにより公益その他の利益が害されるものとして政令で定めるもの又は1年以内の政令で定める期間（6か月）以内に消去することとなるもの以外のものをいうと定義されている（2条5項、改正後2条7項）。

そして、これを受けた個人情報の保護に関する法律施行令3条1号は、「個人保有データ」に当たらないものとして、「当該個人データの存否が明らかになることにより、本人又は第三者の生命、身体又は財産に危害が及ぶおそれがあるもの」を挙げている。従って、家庭内暴力、児童虐待の被害者の支援団体が、加害者（配偶者又は親権者）及び被害者（配偶者又は子）を本人とする個人データを保有している場合、当該個人データは「保有個人データ」に該当しない。

解答▶▶ イ

問題 16

消費者等、本人の権利利益保護の観点からは、事業活動の特性、規模及び実態に応じ、事業内容を勘案して顧客の種類ごとに利用目的を限定して示したり、本人の選択によって利用目的の限定ができるようにしたりする等、本人にとって利用目的がより明確になるような取組が望ましいとされている。

　　ア．正しい　　イ．誤っている

解説▶▶ 利用目的の特定（15条）

個人情報保護法15条は、個人情報取扱事業者は、個人情報を取り扱うに当たっては、その利用目的をできる限り特定しなければならない旨、及び利用目的の変更について定めている。

消費者等、本人の権利利益保護の観点からは、事業活動の特性、規模及び実態に応じ、事業内容を勘案して顧客の種類ごとに利用目的を限定して示したり、本人の選択によって利用目的の限定ができるようにしたりする等、本人にとって利用目的がより明確になるような取組が望ましいとされている

解答▶▶ ア

問題 17

個人情報取扱事業者は、原則として、あらかじめ本人の同意を得ないで、利用目的の達成に必要な範囲を超えて、個人情報を取り扱ってはならない。

　　ア．正しい　　イ．誤っている

解説▶▶ 利用目的による制限（16条）

個人情報保護法16条1項は、個人情報取扱事業者は、原則として、あらかじめ本人の同意を得ないで利用目的の達成に必要な範囲を超えて個人情報を取り扱ってはならないと規定している。また、16条2項は、事業承継の場合における利用目的による制限を、16条3項は、利用目的による制限についての適用除外について規定している。

解答▶▶ ア

個人情報保護法の理解

> **問題 18** 個人情報取扱事業者は、就職のための履歴書情報をもとに、自社の商品の販売促進のために自社取扱商品のカタログと商品購入申込書を送る場合、あらかじめ本人の同意を得る必要はない。
>
> 　ア．正しい　　イ．誤っている

解説 ▶▶ 利用目的による制限（16条）

個人情報保護法16条1項は、個人情報取扱事業者は、原則として、あらかじめ本人の同意を得ないで利用目的の達成に必要な範囲を超えて個人情報を取り扱ってはならないと規定している。また、16条2項は、事業承継の場合における利用目的による制限を、16条3項は、利用目的による制限についての適用除外について規定している。

従って、個人情報取扱事業者は、就職のための履歴書情報をもとに、自社の商品の販売促進のために自社取扱商品のカタログと商品購入申込書を送る場合、あらかじめ本人の同意を得なければならない。

解答 ▶▶ イ

課題Ⅰ　個人情報保護の総論

問題19　不登校や不良行為等児童生徒の問題行動について、児童相談所、学校、医療行為等の関係機関が連携して対応するために、関係機関等の間でその児童生徒の情報を交換する場合は、あらかじめ本人の同意を得る必要はない。

　　　ア．正しい　　イ．誤っている

解説 ▶▶ 利用目的による制限（16条）

公衆衛生の向上又は児童の健全な育成の推進のために特に必要がある場合であって、本人の同意を得ることが困難であるときは、当初の利用目的に含まれていない場合でも、目的外利用を認める例外事由に当たる（16条3項3号）。

不登校や不良行為等児童生徒の問題行動について、児童相談所、学校、医療行為等の関係機関が連携して対応するために、関係機関等の間でその児童生徒の情報を交換する場合は、これに当たるため、あらかじめ本人の同意を得る必要はない。

解答 ▶▶ ア

問題20　個人情報取扱事業者は、インターネット上で本人が自発的に公にしている個人情報を取得する場合、速やかに本人にその利用目的を通知・公表する必要はない。

　　　ア．正しい　　イ．誤っている

解説 ▶▶ 取得に際しての利用目的の通知・公表（18条）

個人情報保護法18条は、個人情報取扱事業者が個人情報を取得した場合の利用目的の通知・公表等について定めている。

個人情報取扱事業者は、個人情報を取得した場合、あらかじめその利用目的を公表している場合を除き、速やかに、その利用目的を、本人に通知し、又は公表しなければならない（18条1項）。インターネット上で本人が自発的に公にしている個人情報を取得する場合も本人への通知・公表が必要である。

解答 ▶▶ イ

個人情報保護法の理解

問題21 個人情報取扱事業者は、アンケートに記載された個人情報を当該本人から直接取得する場合、あらかじめ、本人に対し、その利用目的を明示する必要はない。

　　　ア．正しい　　イ．誤っている

解説▶▶ 取得に際しての利用目的の通知・公表（18条）

個人情報保護法18条は、個人情報取扱事業者が個人情報を取得した場合の利用目的の通知・公表等について定めている。

個人情報取扱事業者は、本人との間で契約を締結することに伴って契約書その他の書面に記載された当該本人の個人情報を取得する場合、あらかじめ、本人に対し、その利用目的を明示しなければならない（18条2項）。この規定は、アンケートに記載された個人情報を当該本人から直接取得する場合にも適用される。

解答▶▶イ

問題22 個人情報取扱事業者が、正確性の確保に努めなければならないものは、「事実」に限られ、企業における人事評定の内容自体のような「評価」は含まれない。

　　　ア．正しい　　イ．誤っている

解説▶▶ 個人データの正確性の確保（19条）

個人情報取扱事業者が、個人データの内容の正確性の確保に努めなければならないものは「事実」に限られると解されており、企業における人事評定の内容自体のような「評価」は含まれない。

解答▶▶ア

課題Ⅰ　個人情報保護の総論

問題 23 個人情報取扱事業者は、「個人データ」のみならず、広く「個人情報」すべてについて、正確性の確保に努めなければならない。

　　　ア．正しい　　イ．誤っている

解説▶▶ 個人データの正確性の確保（19条）

個人情報保護法19条は、個人情報取扱事業者は、利用目的の達成に必要な範囲内において、個人データを正確かつ最新の内容に保つよう努めなければならないと定めている。

すなわち、正確かつ最新の内容に保つよう努めなければならないと規定しているものは「個人情報」ではなく、「個人データ」に限定されている。

解答▶▶イ

問題 24 個人情報取扱事業者が、内容物に個人情報が含まれない荷物等の宅配又は郵送を委託したところ、誤配によって宛名に記載された個人データが第三者に開示された場合、必要かつ適切な安全管理措置を講じているとはいえない。

　　　ア．正しい　　イ．誤っている

解説▶▶ 安全管理措置（20条）

個人情報取扱事業者が、内容物に個人情報が含まれない荷物等の宅配又は郵送を委託したところ、誤配によって宛名に記載された個人データが第三者に開示された場合、必要かつ適切な安全管理措置を講じているといえる（安全管理措置の義務違反とはならない）。

解答▶▶イ

問題25 安全管理措置のうち、「従業員に対する内部規程等の周知・教育・訓練の実施」は、組織的安全管理措置として講じなければならない事項に含まれる。

　　ア．正しい　　イ．誤っている

解説 ▶▶ 安全管理措置（20条）

従業員に対する内部規程等の周知・教育・訓練の実施は、人的安全管理措置として講じなければならない事項として挙げられている。

解答 ▶▶ イ

問題26 個人情報取扱事業者が、技術的安全管理措置として講じなければならない事項として、個人データのアクセスの記録がある。これを実践するために講じることが望まれる手法として、個人データへのアクセスや操作の成功と失敗の記録及び不正が疑われる異常な記録の存否の定期的な確認が挙げられる。

　　ア．正しい　　イ．誤っている

解説 ▶▶ 安全管理措置（20条）

個人情報取扱事業者が講じるべき安全管理措置の種類は、組織的、人的、物理的、及び技術的安全管理措置の4つに分類される。
技術的安全管理措置とは、個人データ及びそれを取り扱う情報システムへのアクセス制御、不正ソフトウェア対策、情報システムの監視等、個人データに対する技術的な安全管理措置をいう。技術的安全管理措置として講じなければならない事項として、個人データのアクセスの記録がある。これを実践するために講じることが望まれる手法として、個人データへのアクセスや操作の成功と失敗の記録及び不正が疑われる異常な記録の存否の定期的な確認が挙げられる。

解答 ▶▶ ア

問題27 個人情報取扱事業者は、その従業者に個人データを取り扱わせるに当たっては、当該個人データの安全管理が図られるよう、当該従業者に対する必要かつ適切な監督を行わなければならない。

　　　ア．正しい　　イ．誤っている

解説▶▶ 従業者の監督（21条）

個人情報保護法21条は、個人情報取扱事業者は、その従業者に個人データを取り扱わせるに当たっては、当該個人データの安全管理が図られるよう、当該従業者に対する必要かつ適切な監督を行わなければならないと定めている。

解答▶▶ ア

問題28 個人情報取扱事業者が、必要かつ適切な監督を行うべき「従業者」とは、個人情報取扱事業者の組織内にあって直接または間接的に事業者の指揮監督を受けて事業者の業務に従事している者をいう。

　　　ア．正しい　　イ．誤っている

解説▶▶ 従業者の監督（21条）

「従業者」とは、個人情報取扱事業者の組織内にあって直接または間接的に事業者の指揮監督を受けて事業者の業務に従事している者をいう。

解答▶▶ ア

問題29 個人情報取扱事業者が委託先に対して行う「必要かつ適切な監督」には、委託先を適切に選定することが含まれる。

　　　ア．正しい　　**イ．**誤っている

解説▶▶ 委託先の監督（22条）

個人情報保護法22条は、個人情報取扱事業者は、個人データの取扱いの全部又は一部を委託する場合は、その取扱いを委託された個人データの安全管理が図られるよう、委託を受けた者に対する必要かつ適切な監督を行わなければならないと定めている。

従って、個人情報取扱事業者が委託先に対して行う「必要かつ適切な監督」には、委託先を適切に選定することが含まれる。

解答▶▶ ア

問題30 個人情報取扱事業者は、あらかじめ本人の同意を得ないで、個人データを第三者に提供してはならないが、同一事業者内で他部門へ個人データを提供することは、この第三者提供に当たらない。

　　　ア．正しい　　**イ．**誤っている

解説▶▶ 個人データの第三者への提供の制限（23条1項）

個人情報保護法23条1項は、個人情報取扱事業者は、個人データを第三者に提供するときは、原則として、あらかじめ本人の同意を得なければならないと規定している。

従って、個人情報取扱事業者は、原則として、あらかじめ本人の同意を得ないで、個人データを第三者に提供してはならない（23条1項柱書）。そして、同一事業者内で他部門へ個人データを提供することは、この第三者提供に当たらない。

解答▶▶ ア

課題Ⅰ　個人情報保護の総論

> **問題31** 個人情報取扱事業者が、「第三者提供におけるオプトアウト」によって個人データを第三者へ提供する場合、提供の方法として書籍として出版することも含まれる。
>
> 　　ア．正しい　　イ．誤っている

解説▶▶ 個人データの第三者提供の制限（オプトアウト）（23条2項）

「第三者提供におけるオプトアウト」とは、個人データの第三者への提供に当たり、あらかじめ、23条2項各号に挙げられた事項すべてを本人に通知し、又は本人が容易に知り得る状態に置いておくとともに、本人の求めに応じて第三者への提供を停止することをいう。この「第三者提供におけるオプトアウト」を行っている場合には、本人の同意なく、当該個人データを第三者に提供することができる（23条2項）。従って、「第三者提供におけるオプトアウト」によって個人データを第三者へ提供する場合の「提供」とは、個人データを利用可能な状態に置くことをいう。書籍として出版する方法もこの「提供」に当たる。

解答▶▶ア

問題32 個人情報取扱事業者は、個人情報保護法に基づき、本人から求められた保有個人データの内容の一部について訂正等行ったときは、本人に対し、遅滞なく、その旨を通知しなければならないが、訂正の内容については通知する必要はない。

ア. 正しい　　**イ.** 誤っている

解説 ▶▶ 保有個人データの訂正等（26条）

個人情報保護法26条は、個人情報取扱事業者は、本人から、当該本人が識別される保有個人データの内容が事実でないという理由によって当該保有個人データの内容の訂正等（訂正・追加・削除）を求められた場合には、原則として、利用目的の達成に必要な範囲内において、遅滞なく必要な調査を行い、その結果に基づき、当該保有個人データの内容の訂正等を行わなければならないと規定している。

従って、個人情報取扱事業者は、26条1項の規定に基づき求められた保有個人データの内容の全部若しくは一部について訂正等を行ったとき、又は訂正等を行わない旨の決定をしたときは、本人に対し、遅滞なく、その旨（訂正等を行ったときは、その内容を含む。）を通知しなければならない（26条2項）。

解答 ▶▶ イ

課題Ⅰ　個人情報保護の総論

> **問題33** 個人情報取扱事業者が、本人から、当該本人が識別される保有個人データの利用目的が本人の知り得る状態に置かれていないという理由によって、当該保有個人データの利用停止を求められた場合に、その求めに理由があることが判明した。この場合、個人情報取扱事業者は、原則として、個人情報保護法上の利用停止義務を負う。
>
> **ア．** 正しい　　**イ．** 誤っている

解説▶▶ 保有個人データの利用停止等（27条）

個人情報取扱事業者は、本人から、当該本人が識別される保有個人データが利用目的の達成に必要な範囲を超えて利用されていること（16条違反）又は不適正に取得されたこと（17条違反）を理由に、当該保有個人データの利用停止等を求められた場合であって、その求めに理由があることが判明したときは、原則として、違反を是正するために必要な限度で、遅滞なく、当該保有個人データの利用停止等を行わなければならない（27条1項）。

また、個人情報取扱事業者は、本人から、当該本人が識別される保有個人データが本人の同意なく第三者に提供されていること（23条1項違反）を理由に、当該保有個人データの第三者への提供の停止を求められた場合であって、その求めに理由があることが判明したときは、原則として、遅滞なく、当該保有個人データの第三者への提供を停止しなければならない（27条2項）。

従って、保有個人データの利用目的が本人の知り得る状態に置かれていないという理由の場合（24条1項2号違反）は、個人情報取扱事業者は、個人情報保護法上の利用停止義務は負わない。

解答▶▶イ

問題34 個人情報取扱事業者が、本人から、当該本人が識別される保有個人データの開示を求められた場合、当該措置の実施に当たって、個人情報保護法の規定に基づく手数料を徴収することはできない。

　　ア．正しい　　イ．誤っている

解説▶▶ 保有個人データに関する求めについての手数料（30条、改正後33条）

個人情報保護法は、30条1項（改正後33条1項）において、個人情報取扱事業者は、利用目的の通知（24条2項、改正後27条2項）又は保有個人データの開示（25条1項、改正後28条2項）を求められたときは、当該措置の実施に関し、手数料を徴収することができると定めている。

解答▶▶イ

問題35 個人情報取扱事業者は、個人情報の取扱いに関する苦情の適切かつ迅速な処理に必要な体制の整備に当たっては、日本工業規格を参考にすることができる。

　　ア．正しい　　イ．誤っている

解説▶▶ 苦情処理（31条、改正後35条）

個人情報保護法31条（改正後35条）は、個人情報取扱事業者の苦情の処理について定めている。

個人情報取扱事業者は、個人情報の取扱いに関する苦情の適切かつ迅速な処理に必要な体制の整備に当たっては、日本工業規格JIS Q 10002「品質マネジメント－顧客満足－組織における苦情対応のための指針」を参考にすることができる。

解答▶▶ア

課題Ⅰ　個人情報保護の総論

問題36　認定個人情報保護団体は、その業務として、個人情報等の適正な取扱いの確保に寄与する事項についての対象事業者に対する情報の提供がある。

　　　ア．正しい　　イ．誤っている

解説▶▶ 認定個人情報保護団体（37条、改正後47条）

認定個人情報保護団体とは、個人情報取扱事業者等の個人情報等の適正な取扱いの確保を目的として法の定める業務を行う団体で、主務大臣（改正後は個人情報保護委員会）の認定を受けたものをいう（37条、改正後47条）。

そして37条1項各号（改正後47条1項各号）は、認定個人情報保護団体が行う業務について定めている。このうち、2号は、個人情報等の適正な取扱いの確保に寄与する事項についての対象事業者に対する情報の提供を挙げている。

解答▶▶ア

問題37　主務大臣（改正後は個人情報保護委員会）は、民間団体による個人情報の保護の推進規定の施行に必要な限度において、認定個人情報保護団体に対し、認定業務に関し報告をさせることができる。

　　　ア．正しい　　イ．誤っている

解説▶▶ 主務大臣（改正後は個人情報保護委員会）の関与（46条、改正後56条）

主務大臣（改正後は個人情報保護委員会）は、民間団体による個人情報の保護の推進規定の施行に必要な限度において、認定個人情報保護団体に対し、認定業務に関し報告をさせることができる（46条、改正後56条）。

解答▶▶ア

問題38 個人情報取扱事業者たる「報道機関」については、その公的性質から、いかなる目的で個人情報を取り扱う場合であっても、個人情報取扱事業者の義務規定の適用は除外される。

　　ア．正しい　　イ．誤っている

解説▶▶ 適用除外（50条、改正後76条）

個人情報保護法は、50条、改正後76条で、憲法上の権利を尊重するため、個人情報取扱事業者のうち一定の者については、法の定める個人情報取扱事業者の義務規定を適用しない場合について定めている。

50条1項1号は、個人情報取扱事業者の義務規定を適用しない場合として、放送機関、新聞社、通信社その他の報道機関（報道を業として行う個人を含む。）が「報道の用に供する目的」で個人情報を取り扱う場合を挙げている。よって、「報道の用に供する目的」が必要であり、いかなる目的で個人情報を取り扱う場合であっても個人情報取扱事業者の義務規定の適用が除外されるわけではない。

解答▶▶イ

問題39 著述を業として行う者が、著述の用に供する目的で個人情報を取り扱う場合は、個人情報取扱事業者の義務規定の適用が除外される。

　　ア．正しい　　イ．誤っている

解説▶▶ 適用除外（50条、改正後76条）

個人情報保護法は、50条、改正後76条で、憲法上の権利を尊重するため、個人情報取扱事業者のうち一定の者については、法の定める個人情報取扱事業者の義務規定を適用しない場合について定めている。

著述を業として行う者が、著述の用に供する目的で個人情報を取り扱う場合、個人情報取扱事業者の義務規定は適用されない（50条1項2号、改正後76条1項2号）。

解答▶▶ア

課題Ⅰ　個人情報保護の総論

> **問題40**　医師が、その業務上取り扱ったことについて知り得た秘密を漏らした場合、退職後であっても、刑法により刑罰が科されることがある。
>
> 　　ア．正しい　　イ．誤っている

解説 ▶▶ 個人情報保護法の関連法令

個人情報は、個人情報保護法のみならず、さまざまな法令において保護の対象となっている。

医師、薬剤師、医薬品販売業者、助産師、弁護士、弁護人、公証人又はこれらの職にあった者が、正当な理由がないのに、その業務上取り扱ったことについて知り得た人の秘密を漏らしたときは、刑罰を科されることがある（刑法134条1項）。

解答 ▶▶ ア

■ 次の問いに対応するものを、各選択肢（ア～エ）から1つ選びなさい。

問題 41　個人情報保護法に関する経緯・社会的背景に関する以下のアからエまでの記述のうち、誤っているものを1つ選びなさい。

ア. 個人情報保護法の制定以前には、我が国において、個人情報保護について定めた法律は存在しなかった。
イ. 個人情報保護法は、2003年5月に国会で可決成立し、その1週間後に公布され、基本法と呼ばれる部分が公布日に即日施行された。
ウ. 個人情報保護法制定の社会的背景として、高度情報通信社会の進展に伴い、個人情報の利用が著しく拡大したことが挙げられる。
エ. 個人情報保護法の制定は、OECD8原則の採択より後になされたものである。

課題Ⅰ　個人情報保護の総論

解説▶▶個人情報保護法制定の経緯・社会的背景

本問は、個人情報保護法制定の経緯・社会的背景についての理解を問うものである。

ア 誤り。 2003年5月の個人情報保護法の制定以前にも、我が国においては、1988年に公布された「行政機関の保有する電子計算機処理に係る個人情報の保護に関する法律」等の個人情報保護について定めた法律が存在した。従って、本記述は誤っている。

イ 正しい。 個人情報保護法は、2003年5月に国会で可決成立し、その1週間後に公布され、公布日に第1章から第3章までの基本法部分が即日施行された。なお、全面施行されたのは2005年4月である。従って、本記述は正しい。

ウ 正しい。 個人情報保護法制定の社会的背景として、高度情報通信社会の進展に伴い、個人情報の利用が著しく拡大したことが挙げられる。従って、本記述は正しい。

エ 正しい。 OECD8原則の採択は1980年9月であり、個人情報保護法の制定は2003年5月である。従って、個人情報保護法の制定は、OECD8原則の採択より後になされたものである。ヨーロッパ諸国を中心に日・米を含めた約30か国が加盟するOECD（経済協力開発機構）は、各国間で個人情報をやり取りする際の個人情報保護のレベルを一定に保つため、1980年に「プライバシー保護と個人データの国際流通についてのガイドラインに関するOECD理事会勧告」を採択し、その勧告付属文書として「プライバシー保護と個人データの国際流通についてのガイドライン」（OECDプライバシーガイドライン）を公表した。このガイドラインに含まれる基本原則がOECD8原則と呼ばれるものである。日本でもOECD8原則を受け、個人情報保護法が制定された。従って、本記述は正しい。

解答▶▶ア

問題42 以下のアからエまでの記述のうち、個人情報保護法制定の経緯・社会的背景に関する【問題文A】から【問題文C】の内容として正しいものを1つ選びなさい。

【問題文A】個人情報保護法制定の社会的背景として、我が国の公的部門における電子政府・電子自治体の構築が挙げられる。

【問題文B】個人情報保護法制定の社会的背景として、宇治市住民基本台帳データ漏えい事件など、当時から個人情報の漏えい事件が発生していたことや、政府が当時、住民基本台帳ネットワークシステム導入を計画していたことが挙げられる。

【問題文C】個人情報保護法制定の社会的背景として、プライバシー等の個人の権利利益侵害の不安感が増大したことが挙げられる。

ア．Aのみ誤っている。
イ．Bのみ誤っている。
ウ．Cのみ誤っている。
エ．すべて正しい。

課題Ⅰ　個人情報保護の総論

解説 ▶▶ 個人情報保護法制定の経緯・社会的背景

本問は、個人情報保護法制定の経緯・社会的背景についての理解を問うものである。

A 正しい。　個人情報保護法制定の社会的背景として、我が国における官民通じたIT社会の急速な発展が挙げられる。その内容の一つとして、我が国の公的部門における電子政府・電子自治体の構築が挙げられる。従って、本記述は正しい。

B 正しい。　個人情報保護法制定の社会的背景として、平成11年5月に発覚した宇治市住民基本台帳データ漏えい事件など、当時から個人情報の漏えい事件が発生していたことや、政府が当時、住民基本台帳ネットワークシステム導入を計画していたことが挙げられる（平成14年には、住民基本台帳ネットワークシステムの一次稼働がなされた）。従って、本記述は正しい。

C 正しい。　個人情報保護法制定の社会的背景として、IT社会の影、すなわちプライバシー等の個人の権利利益侵害の危険性・不安感が増大したことが挙げられる。従って、本記述は正しい。

以上により、問題文ＡＢＣはすべて正しい。

解答 ▶▶ エ

問題43 個人情報保護に関するいわゆる「過剰反応」として問題となっている事例に関する以下のアからエまでの記述のうち、正しいものを1つ選びなさい。

ア．学校や自治会において、連絡先等が書かれた名簿や緊急連絡網などを作成・配付することは禁止されておらず、本人の同意がなくても作成・配付をすることができる。

イ．個人情報保護法上、本人の同意なく、避難行動要支援者名簿を作成することは問題が多いとされ、災害対策基本法という法律でも、避難行動要支援者名簿の作成は禁止されている。

ウ．いわゆる「過剰反応」により、民生委員・児童委員の活動のベースともなる要援護者の情報が適切に提供されなくなり、民生委員・児童委員の活動に支障が出ているというケースがあるが、民生委員・児童委員は、特別職の地方公務員とされており、その職務の遂行に必要な個人データの提供を受けることは、個人データの第三者提供の制限の例外と考えることができる。

エ．統計調査の調査員に対して個人データの提供を拒むことは、いわゆる「過剰反応」であると考えられるが、本人の同意がなければ、統計調査の調査員に対して個人データを提供することはできない。

解説 ▶▶ 個人情報保護における過剰反応の問題

個人情報保護法は、「個人の権利利益の保護」と「個人情報の有用性」のバランスの上に成り立っており、個人情報であるからといって何でも保護することは問題であると指摘されている。これは、個人情報保護に関するいわゆる「過剰反応」の問題であるとされる。

ア 誤り。 学校や自治会における名簿や緊急連絡網などの作成については、個人情報保護法上、利用目的（緊急連絡網として使用するなど）を定めて、本人や保護者から同意を得て作成することが必要であり、同意が不要となるわけではない。従って、本記述は誤っている。

イ 誤り。 災害対策基本法は、平成25年に改正（平成26年4月1日施行）され、避難行動要支援者名簿の作成を市町村に義務付けるとともに、その作成に際し必要な個人情報を利用できることとされた（災害対策基本法49条の10以降）。従って、本記述は誤っている。

ウ 正しい。 いわゆる「過剰反応」により、民生委員・児童委員の活動のベースともなる要援護者の情報が適切に提供されなくなり、民生委員・児童委員の活動に支障が出ているという報告がある。民生委員・児童委員は、特別職の地方公務員とされており、守秘義務も課せられていることから（民生委員法15条）、その職務の遂行に必要な個人データの提供を受けることは、個人データの第三者提供の制限の例外と考えることができる（個人情報保護法23条1項4号）。従って、本記述は正しい。

エ 誤り。 法23条1項1号は、「法令に基づく場合」においては、あらかじめ本人の同意を得ないで、個人データを第三者に対して提供することができる旨、規定している。この「法令に基づく場合」には、国勢調査などの基幹統計調査に関する協力要請に応じる場合（統計法13条、30条）などが含まれる。従って、本記述は誤っている。

解答 ▶▶ ウ

問題44 以下のアからエまでのうち、OECD8原則に関する【問題文A】及び【問題文B】の正誤の組合せとして正しいものを1つ選びなさい。

【問題文A】OECD8原則のうち、収集目的を明確にし、データ利用は収集目的に合致するべきとする「目的明確化の原則」は、個人情報保護法上の利用目的の特定に反映されている。

【問題文B】OECD8原則のうち、データ収集の実施方針等を公開し、データの存在、利用目的、管理者等を明示するべきとする「公開の原則」は、個人情報保護法上のデータ内容の正確性の確保に反映されている。

ア．A＝○　B＝○
イ．A＝○　B＝×
ウ．A＝×　B＝○
エ．A＝×　B＝×

解説▶▶ OECD8原則

本問は、OECD8原則についての理解を問うものである。

A 正しい。 OECD8原則のうち、収集目的を明確にし、データ利用は収集目的に合致するべきとする「目的明確化の原則」は、個人情報保護法上の利用目的の特定（15条）に反映されている。従って、本記述は正しい。

B 正しい。 OECD8原則のうち、個人データは、適法・公正な手段により、かつ情報主体に通知又は同意を得て収集されるべきとする「収集制限の原則」は、個人情報保護法上の適正な取得（17条）に反映されている。従って、本記述は正しい。

以上により、問題文ABはともに正しい。

解答▶▶ ア

課題Ⅰ 個人情報保護の総論

問題 45 OECD8原則に関する以下のアからエまでの記述のうち、誤っているものを1つ選びなさい。

ア．OECD8原則とは、1980年に採択された「プライバシー保護と個人データの国際流通についてのガイドラインに関するOECD理事会勧告」の中に示されている原則のことをいう。

イ．OECD8原則のうち、データ主体の同意がある場合又は法律の規定による場合以外は、個人データを目的以外に使ってはならないとする「利用制限の原則」は、個人情報保護法上の利用目的による制限（16条）等に反映されている。

ウ．OECD8原則のうち、データは、利用目的に沿ったもので、かつ、正確・完全・最新であるべきとする「データ内容の原則」は、個人情報保護法上のデータ内容の正確性の確保（19条）に反映されている。

エ．OECD8原則のうち、自己に関するデータの所在及び内容を確認させ、又は異議申立てを保証すべきであるとする「個人参加の原則」は、個人情報保護法上の安全管理措置（20条）に反映されている。

個人情報保護法の理解

解説 ▶▶ OECD8原則

本問は、OECD8原則についての理解を問うものである。

ア 正しい。 OECD8原則とは、1980年にOECD（経済協力開発機構）で採択された「プライバシー保護と個人データの国際流通についてのガイドラインに関するOECD理事会勧告」の中に示されている原則のことである。従って、本記述は正しい。

イ 正しい。 OECD8原則のうち、データ主体の同意がある場合又は法律の規定による場合以外は、個人データを目的以外に使ってはならないとする「利用制限の原則」は、個人情報保護法上の利用目的による制限（16条）等に反映されている。従って、本記述は正しい。

ウ 正しい。 OECD8原則のうち、データは、利用目的に沿ったもので、かつ、正確・完全・最新であるべきとする「データ内容の原則」は、個人情報保護法上のデータ内容の正確性の確保（19条）に反映されている。従って、本記述は正しい。

エ 誤り。 OECD8原則のうち、自己に関するデータの所在及び内容を確認させ、又は異議申立てを保証すべきであるとする「個人参加の原則」は、個人情報保護法上の保有個人データの開示（25条）等に反映されている。なお、安全管理措置（20条）に反映されているのは、合理的安全保護措置により、紛失・破壊・使用・修正・開示等から保護するべきとする「安全保護の原則」である。従って、本記述は誤っている。

解答 ▶▶ エ

課題Ⅰ　個人情報保護の総論

問題46 以下のアからエまでのうち、JIS Q 15001に関する【問題文A】及び【問題文B】の正誤の組合せとして正しいものを1つ選びなさい。

【問題文A】JIS Q 15001は、個人情報を事業の用に供している、あらゆる種類、規模の事業者に適用できる個人情報保護マネジメントシステムに関する要求事項について規定する日本工業規格である。

【問題文B】JIS Q 15001は、個人情報保護法成立以前に制定された日本工業規格であるため、個人情報保護法との整合性については配慮されていない。

ア．A＝○　B＝○
イ．A＝○　B＝×
ウ．A＝×　B＝○
エ．A＝×　B＝×

解説 ▶▶ JIS Q 15001

本問は、個人情報保護に関する日本工業規格であるJIS Q 15001「個人情報保護マネジメントシステム―要求事項―」についての理解を問うものである。

A 正しい。 JIS Q 15001は、個人情報を事業の用に供している、あらゆる種類、規模の事業者に適用できる個人情報保護マネジメントシステムに関する要求事項について規定する日本工業規格である。従って、本記述は正しい。

B 誤り。 JIS Q 15001は、1999年に制定されており、個人情報保護法成立以前に制定された日本工業規格である。しかし、個人情報保護法が2003年5月に制定され、2005年4月に全面施行されたことを受けて、JIS Q 15001は2006年5月に改定された。この改定により個人情報保護法との用語の統一などがなされており、個人情報保護法との整合性について配慮されている。従って、本記述は誤っている。

以上により、問題文Aは正しいが、Bは誤っている。

解答 ▶▶ イ

問題47

以下のアからエまでの記述のうち、ISMS適合性評価制度（以下、ISMS制度という。）に関する【問題文A】から【問題文C】の内容として正しいものを1つ選びなさい。

【問題文A】 ISMS制度は、国際的に整合性のとれた情報セキュリティマネジメントシステムに対する第三者認証制度であり、この制度は我が国の情報セキュリティ全体の向上に貢献するとともに、諸外国からも信頼を得られる情報セキュリティを達成し、維持することを目的としている。

【問題文B】 ISMS制度を取得するメリットとしては、対外的には、情報セキュリティの信頼性の確保や、顧客や取引先からのセキュリティに関する要求事項への対応などを挙げることができ、内部的には、事業競争力の強化につながることや、入札条件や電子商取引への参加の条件整備などを挙げることができる。

【問題文C】 ISMS制度は、認証機関（組織が構築したISMSがJIS Q 27001に適合しているか審査し登録する機関）、要員認証機関（審査員の資格を付与する機関）、認定機関（これら各機関がその業務を行う能力を備えているかをみる機関）からなる、総合的な仕組みによって運用されている。

ア．Aのみ誤っている。
イ．Bのみ誤っている。
ウ．Cのみ誤っている。
エ．すべて正しい。

課題Ⅰ　個人情報保護の総論

解説▶▶ ISMS適合性評価制度

本問は、我が国の情報セキュリティ全体の向上に貢献するとともに、諸外国からも信頼を得られる情報セキュリティレベルの達成・維持を目的とする、国際的に整合性のとれた情報セキュリティマネジメントシステムに対する第三者認証制度であるISMS（Information Security Management System）適合性評価制度についての理解を問うものである。

A 正しい。 ISMS制度は、国際的に整合性のとれた情報セキュリティマネジメントシステムに対する第三者認証制度であり、この制度は我が国の情報セキュリティ全体の向上に貢献するとともに、諸外国からも信頼を得られる情報セキュリティを達成し、維持することをも目的としている。従って、本記述は正しい。

B 正しい。 ISMS制度を取得するメリットとしては、対外的には、情報セキュリティの信頼性の確保や、顧客や取引先からのセキュリティに関する要求事項への対応などを挙げることができ、内部的には、事業競争力の強化につながることや、入札条件や電子商取引への参加の条件整備などを挙げることができる。従って、本記述は正しい。

C 正しい。 ISMS制度は、認証機関（組織が構築したISMSがJIS Q 27001に適合しているか審査し登録する機関）、要員認証機関（審査員の資格を付与する機関）、認定機関（これら各機関がその業務を行う能力を備えているかをみる機関）からなる、総合的な仕組みによって運用されている。従って、本記述は正しい。

以上により、問題文ＡＢＣはすべて正しい。

解答 ▶▶ エ

個人情報保護法の理解

問題48 以下のアからエまでのうち、プライバシーマーク制度に関する【問題文A】及び【問題文B】の正誤の組合せとして正しいものを1つ選びなさい。

【問題文A】 プライバシーマーク付与認定に当たっては、書類審査のみならず、現地調査も行われる。

【問題文B】 1回の認定によるプライバシーマーク付与の有効期間は2年間であり、以降は、2年ごとに更新を行うことができる。

ア. A＝○　B＝○
イ. A＝○　B＝×
ウ. A＝×　B＝○
エ. A＝×　B＝×

解説 ▶▶ プライバシーマーク制度

本問は、個人情報保護に関する事業者の取組みの一環として用いられているプライバシーマーク制度についての理解を問うものである。

A 正しい。 プライバシーマークの付与認定に当たっては、書類審査のみならず、現地調査も行われる。従って、本記述は正しい。

B 正しい。 1回の認定によるプライバシーマーク付与の有効期間は2年間であり、以降は、2年ごとに更新を行うことができる。従って、本記述は正しい。

以上により、問題文ABはともに正しい。

解答 ▶▶ ア

課題Ⅰ　個人情報保護の総論

問題49　以下のアからエまでの記述のうち、プライバシーマーク制度に関する【問題文A】から【問題文C】の内容として正しいものを1つ選びなさい。

【問題文A】プライバシーマーク制度は、個人情報について適切な保護措置を講ずる体制を整備している事業者等を認定して、その旨を示すプライバシーマークを付与し、事業活動に関してプライバシーマークの使用を認める制度である。

【問題文B】プライバシーマーク制度の目的は、適切な個人情報の取扱いを推進することによって、消費者の個人情報の保護意識の高まりにこたえ、社会的な信用を得るためのインセンティブを事業者に与えることである。

【問題文C】プライバシーマーク付与の対象は、国内に活動拠点を持つ事業者である。

ア．Aのみ誤っている。
イ．Bのみ誤っている。
ウ．Cのみ誤っている。
エ．すべて正しい。

個人情報保護法の理解

解説 ▶▶ **プライバシーマーク制度**

本問は、個人情報保護に関する事業者の取組みの一環として用いられているプライバシーマーク制度についての理解を問うものである。

A 正しい。　プライバシーマーク制度は、日本工業規格「JIS Q 15001 個人情報保護マネジメントシステム－要求事項」に適合して、個人情報について適切な保護措置を講ずる体制を整備している事業者等を認定して、その旨を示すプライバシーマークを付与し、事業活動に関してプライバシーマークの使用を認める制度である。従って、本記述は正しい。

B 正しい。　プライバシーマーク制度の目的は、適切な個人情報の取扱いを推進することによって、消費者の個人情報の保護意識の高まりにこたえ、社会的な信用を得るためのインセンティブを事業者に与えることである。従って、本記述は正しい。

C 正しい。　プライバシーマーク付与の対象は、国内に活動拠点を持つ事業者である。従って、本記述は正しい。

以上により、問題文ＡＢＣはすべて正しい。

解答 ▶▶ エ

課題Ⅰ　個人情報保護の総論

> **問題50** 以下のアからエまでのうち、個人情報保護法の目的・基本理念に関する【問題文A】及び【問題文B】の正誤の組合せとして正しいものを1つ選びなさい。
>
> 【問題文A】個人情報保護法は、その基本理念において、個人情報と個人の人格尊重の理念との関係については触れていない。
>
> 【問題文B】個人情報保護法は、その基本理念において、個人情報の適正な取扱いについては触れていない。
>
> ア．A＝○　B＝○
> イ．A＝○　B＝×
> ウ．A＝×　B＝○
> エ．A＝×　B＝×

解説 ▶▶ 目的・基本理念（1条、3条）

個人情報保護法は、1条で個人情報保護法の目的を定めており、3条で個人情報保護法の基本理念を定めている。

A　誤り。 個人情報保護法は、その基本理念において、個人情報は個人の人格尊重の理念の下に慎重に取り扱われるべきものであると定め、両者の関係について触れている（3条）。従って、本記述は誤っている。

B　誤り。 個人情報保護法は、その基本理念において、個人情報はその適正な取扱いが図られなければならないと定めている（3条）。従って、本記述は誤っている。

以上により、問題文ABはともに誤っている。

解答 ▶▶ エ

> **問題51** 以下のアからエまでのうち、「個人情報」に関する【問題文A】及び【問題文B】の正誤の組合せとして正しいものを1つ選びなさい。
>
> 【問題文A】個人が自発的に公開している情報は、「個人情報」に当たることがある。
>
> 【問題文B】暗号化等によって秘匿化されている情報は、「個人情報」に当たることがある。
>
> ア．A＝○　B＝○
> イ．A＝○　B＝×
> ウ．A＝×　B＝○
> エ．A＝×　B＝×

解説 ▶▶ 個人情報（2条1項）

本問は、「個人情報」（2条1項）についての理解を問うものである。

A 正しい。 「個人情報」とは、生存する個人に関する情報のことをいうが（2条1項）、この「個人に関する情報」は、氏名、性別、生年月日等個人を識別する情報に限られず、個人の身体、財産、職種、肩書等の属性に関して、事実、判断、評価を表すすべての情報のことを指す。個人が自発的に公開している情報であっても、「個人情報」に当たることがある。従って、本記述は正しい。

B 正しい。 「個人情報」とは、生存する個人に関する情報のことをいうが（2条1項）、この「個人に関する情報」は、氏名、性別、生年月日等個人を識別する情報に限られず、個人の身体、財産、職種、肩書等の属性に関して、事実、判断、評価を表すすべての情報のことを指し、暗号化等によって秘匿化されているかどうかを問わない。従って、本記述は正しい。

以上により、問題文ABはともに正しい。

解答 ▶▶ ア

課題Ⅰ　個人情報保護の総論

問題52 以下のアからエまでの記述のうち、「個人情報」に関する【問題文A】から【問題文C】の内容として正しいものを1つ選びなさい。

【問題文A】死者に関する情報が、同時に、遺族等の生存する個人に関する情報でもある場合には、当該生存する個人に関する情報となる。

【問題文B】企業の財務情報等、法人等の団体そのものに関する情報（団体情報）は、個人情報にならない。

【問題文C】取得時に生存する特定の個人を識別することができなかったとしても、取得後、新たな情報が付加され、又は照合された結果、生存する特定の個人を識別できた場合は、その時点で個人情報となる。

ア． Aのみ誤っている。
イ． Bのみ誤っている。
ウ． Cのみ誤っている。
エ． すべて正しい。

解説 ▶▶ 個人情報（2条1項）

「個人情報」とは、生存する個人に関する情報であって、当該情報に含まれる氏名、生年月日その他の記述等により特定の個人を識別することができるもの（他の情報と容易に照合することができ、それにより特定の個人を識別することができることとなるものを含む。）をいう（2条1項）。本問は、この「個人情報」についての理解を問うものである。

A 正しい。　死者に関する情報が、同時に、遺族等の生存する個人に関する情報でもある場合には、当該生存する個人に関する情報となる。従って、本記述は正しい。

B 正しい。　企業の財務情報等、法人等の団体そのものに関する情報（団体情報）は、個人情報にならない。従って、本記述は正しい。

C 正しい。　取得時に生存する特定の個人を識別することができなかったとしても、取得後、新たな情報が付加され、又は照合された結果、生存する特定の個人を識別できた場合は、その時点で個人情報となる。従って、本記述は正しい。

以上により、問題文ABCはすべて正しい。

解答 ▶▶ エ

課題Ⅰ　個人情報保護の総論

問題53　「個人情報データベース等」に関する以下のアからエまでの記述のうち、誤っているものを1つ選びなさい。

ア． 人材派遣会社が、登録カードを氏名の五十音順に整理し、五十音順のインデックスを付してファイルしている場合は、「個人情報データベース等」に該当する。

イ． ユーザIDとユーザが利用した取引についてのログ情報が保管されている電子ファイル（ユーザIDを 個人情報と関連付けて管理している場合）は、「個人情報データベース等」に該当しない。

ウ． 宅配便の送り状を受け付けた日付順に並べてファイリングしているが、特定の個人情報を容易に検索できる状態に整理していない場合には、「個人情報データベース等」に該当しない。

エ． アンケートの戻りはがきが、氏名、住所等により分類整理されていない状態である場合は、「個人情報データベース等」に該当しない。

解説 ▶▶ 個人情報データベース等（2条2項、改正後2条4項）

「個人情報データベース等」とは、①特定の個人情報をコンピュータを用いて検索することができるように体系的に構成した、個人情報を含む集合物、または②コンピュータを用いていない場合であっても、カルテや指導要録等、紙面で処理した個人情報を一定の規則（たとえば五十音順等）に従って整理・分類し、特定の個人情報を容易に検索することができるよう、目次、索引、符号等を付し、他人によっても容易に検索可能な状態に置いているものをいう（2条2項、改正後2条4項、個人情報の保護に関する法律施行令1条）。

ア 正しい。 人材派遣会社が、登録カードを氏名の五十音順に整理し、五十音順のインデックスを付してファイルしている場合は、他人によっても容易に検索可能な状態に置いているものであり、上記②の要件を満たすので「個人情報データベース等」に該当する。従って、本記述は正しい。

イ 誤り。 ユーザIDとユーザが利用した取引についてのログ情報が保管されている電子ファイル（ユーザIDを個人情報と関連付けて管理している場合）は、上記要件①を満たすので、「個人情報データベース等」に該当する。従って、本記述は誤っている。

ウ 正しい。 宅配便の送り状を受け付けた日付順に並べてファイリングしても、特定の個人情報を容易に検索できる状態に整理していない場合には、他人によっても容易に検索可能な状態に置いていないので、上記②の要件を満たさず、「個人情報データベース等」に該当しない。従って、本記述は正しい。

エ 正しい。 アンケートの戻りはがきが、氏名、住所等により分類整理されていない状態である場合は、特定の個人情報を他人によっても容易に検索可能な状態に置いていないので、上記②の要件を満たさず、「個人情報データベース等」に該当しない。従って、本記述は正しい。

解答 ▶▶ イ

問題54 以下のアからエまでのうち、「個人情報データベース等」に関する【問題文A】及び【問題文B】の正誤の組合せとして正しいものを1つ選びなさい。

【問題文A】氏名、住所、企業別に分類整理されている市販の人名録は、「個人情報データベース等」に該当する。

【問題文B】電子メールソフトに保管されているメールアドレス帳（メールアドレスと氏名を組み合わせた情報を入力している場合）は、「個人情報データベース等」に該当する。

ア．A=○　B=○
イ．A=○　B=×
ウ．A=×　B=○
エ．A=×　B=×

解説 ▶▶ 個人情報データベース等（2条2項、改正後2条4項）

個人情報保護法2条2項（改正後2条4項）は、「個人情報取扱事業者」（2条3項、改正後2条5項）を判断する基準の1つとなる「個人情報データベース等」の定義を規定している。

この「個人情報データベース等」とは、①特定の個人情報をコンピュータを用いて検索することができるように体系的に構成した、個人情報を含む情報の集合物、又は②コンピュータを用いていない場合であっても、カルテや指導要録等、紙面で処理した個人情報を一定の規則（例えば、五十音順等）に従って整理・分類し、特定の個人情報を容易に検索することができるよう、目次、索引、符号等を付し、他人によっても容易に検索可能な状態に置いているものをいう（法2条2項、改正後2条4項、個人情報の保護に関する法律施行令1条）。

A 正しい。 氏名、住所、企業別に分類整理されている市販の人名録は、「個人情報データベース等」に該当する。従って、本記述は正しい。

B 正しい。 電子メールソフトに保管されているメールアドレス帳（メールアドレスと氏名を組み合わせた情報を入力している場合）は、「個人情報データベース等」に該当する。従って、本記述は正しい。

以上により、問題文ＡＢはともに正しい。

解答 ▶▶ ア

課題Ⅰ　個人情報保護の総論

問題 55 「個人情報取扱事業者」に関する以下のアからエまでの記述のうち、誤っているものを1つ選びなさい。

ア．法人格のない、権利能力のない社団（任意団体）又は個人であっても、「個人情報取扱事業者」に当たることがある。
イ．地方公共団体は、「個人情報取扱事業者」に当たることがある。
ウ．個人事業主は、「個人情報取扱事業者」に当たることがある。
エ．簡易裁判所は、「個人情報取扱事業者」には当たらない。

解説▶▶ 個人情報取扱事業者（2条3項、改正後2条5項）

「個人情報取扱事業者」とは、個人情報データベース等を事業の用に供している者をいうと定義されている（2条3項本文、改正後2条5項本文）。また、「個人情報取扱事業者」から除外される者についても規定されている（2条3項ただし書、改正後2条5項ただし書）。本問は、この「個人情報取扱事業者」についての理解を問うものである。

ア 正しい。 「個人情報取扱事業者」とは、個人情報データベース等を事業の用に供している者をいうので（2条3項本文、改正後2条5項）、法人格のない、権利能力のない社団（任意団体）又は個人であっても、個人情報取扱事業者に当たることがある。従って、本記述は正しい。

イ 誤り。 2条3項2号（改正後2条5項2号）は、例外的に「個人情報取扱事業者」から除外されている者として、「地方公共団体」を挙げている。よって、地方公共団体は、「個人情報取扱事業者」には当たらない。従って、本記述は誤っている。

ウ 正しい。 「個人情報取扱事業者」とは、個人情報データベース等を事業の用に供している者をいう（2条3項本文、改正後2条5項本文）。この場合、法人格の有無を問わないから、個人事業主であっても「個人情報取扱事業者」に当たることがある。従って、本記述は正しい。

エ 正しい。 2条3項1号（改正後2条5項1号）は、例外的に「個人情報取扱事業者」から除外されている者として、「国の機関」を挙げており、国の機関である簡易裁判所は、「個人情報取扱事業者」には当たらない。従って、本記述は正しい。

解答▶▶イ

課題Ⅰ　個人情報保護の総論

問題56 以下のアからエまでの記述のうち、「個人データ」及び「保有個人データ」に関する【問題文A】から【問題文C】の内容として正しいものを1つ選びなさい。

【問題文A】コンピュータ処理による個人情報データベース等から出力された帳票等に印字された個人情報は、「個人データ」に該当する。

【問題文B】6か月以内に消去することとなる個人データは、「保有個人データ」に該当しない。

【問題文C】製造業者、情報サービス事業者等が、防衛に関連する兵器・設備・機器・ソフトウェア等の設計、開発担当者名が記録された個人データを保有している場合、その個人データは「保有個人データ」に該当する。

ア． Aのみ誤っている。
イ． Bのみ誤っている。
ウ． Cのみ誤っている。
エ． すべて正しい。

解説　個人データ・保有個人データ（2条4項・5項、改正後2条6項・7項）

「個人データ」とは、個人情報取扱事業者が管理する「個人情報データベース等」を構成する個人情報をいうと定義されている（2条4項、改正後2条6項）。また、「保有個人データ」とは、個人情報取扱事業者が、開示、内容の訂正、追加又は削除、利用の停止、消去及び第三者への提供の停止を行うことのできる権限を有する個人データであって、その存否が明らかになることにより公益その他の利益が害されるものとして政令で定めるもの又は1年以内の政令で定める期間（6か月）以内に消去することとなるもの以外のものをいうと定義されている（2条5項、改正後2条7項）。

A 正しい。「個人データ」とは、個人情報取扱事業者が管理する「個人情報データベース等」を構成する個人情報をいい、コンピュータ処理による個人情報データベース等から出力された帳票等に印字された個人情報は、「個人データ」に

該当する。従って、本記述は正しい。

B 正しい。 2条5項（改正後2条7項）は、1年以内の政令で定める期間以内に消去することとなるものについては、「保有個人データ」に該当しない旨規定している。そして、個人情報の保護に関する法律施行令4条は、その期間を6か月としていることから、6か月以内に消去することとなる個人データは、「保有個人データ」に該当しない。従って、本記述は正しい。

C 誤り。 個人情報の保護に関する法律施行令3条3号は、「保有個人データ」に当たらないものとして、「当該個人データの存否が明らかになることにより、国の安全が害されるおそれ、他国若しくは国際機関との信頼関係が損なわれるおそれ又は他国若しくは国際機関との交渉上不利益を被るおそれがあるもの」を挙げている。このため、製造業者、情報サービス事業者等が、防衛に関連する兵器・設備・機器・ソフトウェア等の設計、開発担当者名が記録された個人データを保有している場合、その個人データは「保有個人データ」に該当しない。従って、本記述は誤っている。

以上により、問題文ＡＢは正しいが、Ｃは誤っている。

解答 ▶▶ ウ

課題Ⅰ　個人情報保護の総論

問題57 個人情報保護法に関する以下のアからエまでの記述のうち、誤っているものを1つ選びなさい。

ア．地方公共団体は、個人情報保護法の趣旨にのっとり、その地方公共団体の区域の特性に応じて、個人情報の適正な取扱いを確保するために必要な施策を策定し、及びこれを実施する責務を有する。

イ．国は、地方公共団体が策定し、又は実施する個人情報の保護に関する施策及び国民又は事業者等が個人情報の適正な取扱いの確保に関して行う活動を支援するため、情報の提供、事業者等が講ずべき措置の適切かつ有効な実施を図るための指針の策定その他の必要な措置を講ずるものとされている。

ウ．国は、個人情報の取扱いに関し事業者と本人との間に生じた苦情の適切かつ迅速な処理を図るために必要な措置を講ずるものとはされていない。

エ．国は、地方公共団体との適切な役割分担を通じ、個人情報取扱事業者による個人情報の適正な取扱いを確保するために必要な措置を講ずるものとされている。

解説▶▶ 2章・3章（4条〜14条）

個人情報保護法は、第2章で個人情報保護をめぐる国及び地方公共団体の責務等について、第3章で個人情報の保護に関する施策等について定めている。本問は、この個人情報保護法第2章・第3章の規定に関する理解を問うものである。

ア 正しい。 地方公共団体は、個人情報保護法の趣旨にのっとり、その地方公共団体の区域の特性に応じて、個人情報の適正な取扱いを確保するために必要な施策を策定し、及びこれを実施する責務を有する（5条）。従って、本記述は正しい。

イ 正しい。 国は、地方公共団体が策定し、又は実施する個人情報の保護に関する施策及び国民又は事業者等が個人情報の適正な取扱いの確保に関して行う活動を支援するため、情報の提供、事業者等が講ずべき措置の適切かつ有効な実施を図るための指針の策定その他の必要な措置を講ずるものとされている（8条）。従って、本記述は正しい。

ウ 誤り。 国は、個人情報の取扱いに関し事業者と本人との間に生じた苦情の適切かつ迅速な処理を図るために必要な措置を講ずるものとされている（9条）。従って、本記述は誤っている。

エ 正しい。 国は、地方公共団体との適切な役割分担を通じ、個人情報取扱事業者による個人情報の適正な取扱いを確保するために必要な措置を講ずるものとされている（10条）。従って、本記述は正しい。

解答▶▶ ウ

> **問題58** 以下のアからエまでの記述のうち、個人情報保護法に関する【問題文A】から【問題文C】の内容として正しいものを1つ選びなさい。
>
> 【問題文A】国は、個人情報保護法の趣旨にのっとり、個人情報の適正な取扱いを確保するために必要な施策を総合的に策定し、及びこれを実施する責務を有するとされている。
>
> 【問題文B】国は、地方公共団体との適切な役割分担を通じ、個人情報取扱事業者による個人情報の適正な取扱いを確保するために必要な措置を講ずるものとされている。
>
> 【問題文C】地方公共団体は、個人情報の適正な取扱いを確保するため、その区域内の事業者及び住民に対する支援に必要な措置を講ずるよう努めなければならない。
>
> **ア．** Aのみ誤っている。
> **イ．** Bのみ誤っている。
> **ウ．** Cのみ誤っている。
> **エ．** すべて正しい。

個人情報保護法の理解

解説 ▶▶ 2章・3章（4条〜14条）

個人情報保護法は、第2章で個人情報保護をめぐる国及び地方公共団体の責務等について、第3章で個人情報の保護に関する施策等について定めている。本問は、この個人情報保護法第2章・第3章の規定に関する理解を問うものである。

ア 正しい。　国は、個人情報保護法の趣旨にのっとり、個人情報の適正な取扱いを確保するために必要な施策を総合的に策定し、及びこれを実施する責務を有するとされている（4条）。従って、本記述は正しい。

イ 正しい。　国は、地方公共団体との適切な役割分担を通じ、個人情報取扱事業者による個人情報の適正な取扱いを確保するために必要な措置を講ずるものとされている（10条）。従って、本記述は正しい。

ウ 正しい。　地方公共団体は、個人情報の適正な取扱いを確保するため、その区域内の事業者及び住民に対する支援に必要な措置を講ずるよう努めなければならないとされている（12条）。従って、本記述は正しい。

以上により、問題文ＡＢＣはすべて正しい。

解答 ▶▶ エ

課題Ⅰ　個人情報保護の総論

問題59 以下のアからエまでの記述のうち、個人情報の利用目的の特定に関する【問題文A】から【問題文C】の内容として正しいものを1つ選びなさい。

【問題文A】個人情報取扱事業者は、個人情報を取り扱うに当たっては、利用目的をできる限り具体的に特定しなければならないが、個人情報取扱事業者が情報処理サービスを行っている場合であれば、「給与計算処理サービス、あて名印刷サービス、伝票の印刷・発送サービス等の情報処理サービスを業として行うために、委託された個人情報を取り扱います。」のようにすれば利用目的を特定したことになるといえる。

【問題文B】個人情報取扱事業者は、個人情報を取り扱うに当たっては、利用目的をできる限り具体的に特定しなければならないが、「○○事業における商品の発送、関連するアフターサービス、新商品・サービスに関する情報のお知らせのために利用いたします。」という利用目的は、具体的に利用目的を特定しているといえる。

【問題文C】消費者等、本人の権利利益保護の観点からは、事業活動の特性、規模及び実態に応じ、事業内容を勘案して顧客の種類ごとに利用目的を限定して示したり、本人の選択によって利用目的の限定ができるようにしたりする等、本人にとって利用目的がより明確になるような取組が望ましいとされている。

ア． Aのみ誤っている。
イ． Bのみ誤っている。
ウ． Cのみ誤っている。
エ． すべて正しい。

解説 ▶▶ 利用目的の特定（15条）

個人情報保護法15条は、個人情報取扱事業者は、個人情報を取り扱うに当たっては、その利用目的をできる限り特定しなければならない旨、及び利用目的の変更について定めている。

ア 正しい。　個人情報取扱事業者が情報処理サービスを行っている場合であれば、「給与計算処理サービス、あて名印刷サービス、伝票の印刷・発送サービス等の情報処理サービスを業として行うために、委託された個人情報を取り扱います。」のようにすれば利用目的を特定したことになる。従って、本記述は正しい。

イ 正しい。　「○○事業における商品の発送、関連するアフターサービス、新商品・サービスに関する情報のお知らせのために利用いたします。」は、具体的に利用目的を特定しているといえる。従って、本記述は正しい。

ウ 正しい。　消費者等、本人の権利利益保護の観点からは、事業活動の特性、規模及び実態に応じ、事業内容を勘案して顧客の種類ごとに利用目的を限定して示したり、本人の選択によって利用目的の限定ができるようにしたりする等、本人にとって利用目的がより明確になるような取組が望ましいとされている。従って、本記述は正しい。

以上により、問題文ＡＢＣはすべて正しい。

解答 ▶▶ エ

課題Ⅰ　個人情報保護の総論

問題60 個人情報の利用目的の特定・変更に関する以下のアからエまでの記述のうち、誤っているものを1つ選びなさい。

ア．個人情報取扱事業者は、「個人データ」のみならず、「個人情報」についても、それを取り扱うに当たっては、その利用目的をできる限り特定しなければならない。

イ．個人情報取扱事業者は、利用目的を単に抽象的、一般的に特定するのではなく、個人情報取扱事業者において最終的にどのような目的で個人情報を利用するかをできる限り具体的に特定する必要がある。

ウ．「ご記入いただいた氏名、住所、電話番号は、弊社のマーケティング活動に利用いたします」という利用目的は、それだけでは具体的に特定されているとはいえない。

エ．個人情報取扱事業者は、従来の利用目的と相当の関連性を有すると合理的に認められる範囲においては、個人情報の利用目的を変更することが認められているため、変更された利用目的は、本人に通知や公表する必要はない。

解説 ▶▶ 利用目的の特定・変更（15条）

個人情報保護法15条1項は、個人情報取扱事業者は、個人情報を取り扱うに当たっては、その利用目的をできる限り特定しなければならない旨を定めている。本問は、この利用目的の特定・変更についての理解を問うものである。

ア 正しい。 個人情報取扱事業者は、「個人データ」のみならず、「個人情報」についても、それを取り扱うに当たっては、その利用目的をできる限り特定しなければならない（15条1項）。従って、本記述は正しい。

イ 正しい。 個人情報取扱事業者は、利用目的を単に抽象的、一般的に特定するのではなく、個人情報取扱事業者において最終的にどのような目的で個人情報を利用するかをできる限り具体的に特定する必要がある。従って、本記述は正しい。

ウ 正しい。 マーケティング活動に利用するという利用目的は、それだけでは具体的に特定されているとはいえない。従って、本記述は正しい。

エ 誤り。 個人情報取扱事業者は、利用目的を変更する場合には、変更前の利用目的と相当の関連性を有すると合理的に認められる範囲を超えて行ってはならない（15条2項）。また、個人情報取扱事業者は、利用目的を変更した場合は、変更された利用目的について、本人に通知し、又は公表しなければならない（18条3項）。従って、本記述は誤っている。

解答 ▶▶ エ

問題61

次の文章は、個人情報保護法違反の有無が問題となる事例である。次の【事例A】から【事例C】について、以下のアからエまで記述のうち、正しいものを1つ選びなさい。

【事例A】スポーツシューズを購入しようと思い、あるスポーツ用品販売店に行ったところ、「今、メール会員登録をすると、新商品・サービスに関する情報をメールでお知らせします」と言われたので、登録票にメールアドレスの他、氏名、性別、生年月日、好きなスポーツを記入して手渡した。後日、そのスポーツ用品販売店は、「新商品・サービスに関する情報のお知らせ」という利用目的に「既存の商品・サービスに関する情報のお知らせ」を追加し、本人(メール会員登録者)に対して、利用目的を追加する旨の通知をした。

【事例B】ある本を取り寄せて購入しようと思い、書店に行って取り寄せを依頼したところ、書店の店員に「入荷次第ご連絡いたします」と言われたので、取り寄せ伝票に氏名と電話番号を記入して手渡した。

【事例C】あるメーカーの新シーズンのカタログを入手しようと思い、そのメーカーのインターネットサイトに接続し、サイト内のトップページに明記されたプライバシーポリシーに目を通した上で、サイト内の請求用ページにある入力フォームに郵送先の住所と氏名を記入し、送信するボタンを押した。

ア． 事例Aのみ、個人情報保護法に違反する内容を含む。
イ． 事例Bのみ、個人情報保護法に違反する内容を含む。
ウ． 事例Cのみ、個人情報保護法に違反する内容を含む。
エ． 事例ABCはすべて、個人情報保護法に違反する内容を含まない。

解説 ▶▶ 利用目的の変更・直接書面等による取得

個人情報保護法は、15条2項において利用目的の変更を、18条3項において利用目的の変更の際の通知・公表を、18条2項において直接書面等による取得を定めている。本問は、これらの規定についての理解を問うものである。

A 違反しない。個人情報取扱事業者は、利用目的を変更する場合には、変更前の利用目的と相当の関連性を有すると合理的に認められる範囲を超えて行ってはならない（15条2項）。そして、社会通念上、本人が想定することが困難でないと認められる範囲内で変更することは可能であると解される。本事例のような場合、「新商品・サービスに関する情報のお知らせ」という利用目的に「既存の商品・サービスに関する情報のお知らせ」を追加することは、変更前の利用目的と相当の関連性を有すると合理的に認められる範囲内での変更であるといえる。次に、個人情報取扱事業者は、利用目的を変更した場合は、変更された利用目的について、本人に通知し、又は公表しなければならない（18条3項）。本事例においては、利用目的を追加する旨の通知をしている。従って、本事例は、個人情報保護法に違反する内容を含まない。

B 違反しない。18条2項は、個人情報取扱事業者は、本人との間で契約を締結することに伴って、書面等により直接本人から個人情報を取得する場合には、あらかじめ本人に対し、その利用目的を明示しなければならないと定めている。本事例においては、店員により、入荷連絡のためという利用目的が明示されている。従って、本事例は、個人情報保護法に違反する内容を含まない。

C 違反しない。18条2項は、個人情報取扱事業者は、本人との間で契約を締結することに伴って、書面等により直接本人から個人情報を取得する場合には、あらかじめ本人に対し、その利用目的を明示しなければならないと定めている。本事例においては、サイト内のトップページにプライバシーポリシーが明記されており、個人情報の利用目的が明示されているといえる。従って、本事例は、個人情報保護法に違反する内容を含まない。

以上により、事例ABCはすべて、個人情報保護法に違反する内容を含まない。

解答 ▶▶ エ

課題Ⅰ 個人情報保護の総論

問題62 個人情報の利用目的による制限に関する以下のアからエまでの記述のうち、誤っているものを1つ選びなさい。

ア．個人情報取扱事業者は、あらかじめ本人の同意を得ないで、特定された利用目的の達成に必要な範囲を超えて、個人情報を取り扱ってはならないが、特定された利用目的の達成に必要な範囲を超えて個人情報を取り扱うに当たり、その同意を得るために個人情報を利用してメールを送付する場合には、あらかじめ本人の同意を得る必要はない。

イ．個人情報取扱事業者が、自社の求人への応募者の履歴書情報をもとに、自社の商品の販売促進のために自社取扱商品のカタログと商品購入申込書を送る場合には、あらかじめ本人の同意を得る必要はない。

ウ．個人情報取扱事業者が、急病その他の事態時に、本人について、その血液型や家族の連絡先等を医師や看護師に提供する場合には、あらかじめ本人の同意を得る必要はない。

エ．個人情報取扱事業者が、税務署の職員等の任意調査に対し、個人情報を提出する場合には、あらかじめ本人の同意を得る必要はない。

解説▶▶ 利用目的による制限（16条）

個人情報保護法16条1項は、個人情報取扱事業者は、原則として、あらかじめ本人の同意を得ないで利用目的の達成に必要な範囲を超えて個人情報を取り扱ってはならないと規定している。また、16条2項は、事業承継の場合における利用目的による制限を、16条3項は、利用目的による制限についての適用除外について規定している。

ア　正しい。　個人情報取扱事業者は、あらかじめ本人の同意を得ないで、特定された利用目的の達成に必要な範囲を超えて、個人情報を取り扱ってはならない（16条1項）。もっとも、特定された利用目的の達成に必要な範囲を超えて個人情報を取り扱うに当たり、その同意を得るために個人情報を利用してメールを送付することは、当初の利用目的として記載されていない場合でも、目的外利用には当たらず、あらかじめ本人の同意を得る必要はない。従って、

本記述は正しい。

イ　誤り。 個人情報取扱事業者が、自社の求人への応募者の履歴書情報をもとに、自社の商品の販売促進のために自社取扱商品のカタログと商品購入申込書を送る場合、利用目的の達成に必要な範囲を超えていることから、あらかじめ本人の同意を得る必要がある。従って、本記述は誤っている。

ウ　正しい。 16条3項各号は、個人情報取扱事業者が、利用目的の達成に必要な範囲を超えて個人情報を取り扱う場合に、例外的にあらかじめ本人の同意を得なくてもよい場合を定めている。このうち、2号は、「人の生命、身体又は財産の保護のために必要がある場合であって、本人の同意を得ることが困難であるとき」を挙げている。このため、急病その他の事態時に、本人について、その血液型や家族の連絡先等を医師や看護師に提供する場合には、あらかじめ本人の同意を得る必要はない。従って、本記述は正しい。

エ　正しい。 16条3項各号は、個人情報取扱事業者が、利用目的の達成に必要な範囲を超えて個人情報を取り扱う場合に、例外的にあらかじめ本人の同意を得なくてもよい場合を定めている。このうち、4号は「国の機関若しくは地方公共団体又はその委託を受けた者が法令の定める事務を遂行することに対して協力する必要がある場合であって、本人の同意を得ることにより当該事務の遂行に支障を及ぼすおそれがあるとき」を挙げている。このため、個人情報取扱事業者が、税務署の職員等の任意調査（国税通則法34条の6第3項）に対し、個人情報を提出する場合には、あらかじめ本人の同意を得る必要はない。従って、本記述は正しい。

解答　▶▶　イ

課題Ⅰ　個人情報保護の総論

問題 63 以下のアからエまでの記述のうち、個人情報の利用目的による制限に関する【問題文A】から【問題文C】の内容として正しいものを1つ選びなさい。

【問題文A】個人情報取扱事業者が、利用目的の達成に必要な範囲を超えて個人情報を取り扱うに当たり、本人の同意を得るために個人情報を利用してメールの送付や電話をすることは、当初の利用目的として記載されていない場合は、目的外利用に当たる。

【問題文B】個人情報取扱事業者が、合併により他の個人情報取扱事業者から事業の承継をすることに伴って個人情報を取得した場合、当該個人情報を、承継前における当該個人情報の利用目的の達成に必要な範囲内で取り扱う場合は、目的外利用にはならず、本人の同意を得る必要はない。

【問題文C】個人情報取扱事業者が、警察の任意の求めに応じて個人情報を提出する場合、あらかじめ本人の同意を得る必要はない。

ア．Aのみ誤っている。
イ．Bのみ誤っている。
ウ．Cのみ誤っている。
エ．すべて正しい。

解説▶▶ 利用目的による制限（16条）

個人情報保護法16条1項は、個人情報取扱事業者は、原則として、あらかじめ本人の同意を得ないで利用目的の達成に必要な範囲を超えて個人情報を取り扱ってはならないと規定している。また、16条2項は、事業承継の場合における利用目的による制限を、16条3項は、利用目的による制限についての適用除外について規定している。

A 誤り。 個人情報取扱事業者が、利用目的の達成に必要な範囲を超えて個人情報を取り扱うに当たり、本人の同意を得るために個人情報を利用すること（メールの送付や電話をかけること等）は、当初の利用目的として記載されていない場合でも、目的外利用には当たらないとされている。従って、本記述は誤っている。

B 正しい。 個人情報取扱事業者は、合併その他の事由により他の個人情報取扱事業者から事業を承継することに伴って個人情報を取得した場合は、あらかじめ本人の同意を得ないで、承継前における当該個人情報の利用目的の達成に必要な範囲を超えて、当該個人情報を取り扱ってはならない（16条2項）。よって、承継前の利用目的の達成に必要な範囲内で取り扱う場合は目的外利用にはならず、本人の同意を得る必要はない。従って、本記述は正しい。

C 正しい。 16条3項4号は、例外的にあらかじめ本人の同意を得なくてもよい場合として、「国の機関若しくは地方公共団体又はその委託を受けた者が法令の定める事務を遂行することに対して協力する必要がある場合であって、本人の同意を得ることにより当該事務の遂行に支障を及ぼすおそれがあるとき」を挙げている。このため、個人情報取扱事業者が、警察の任意の求めに応じて個人情報を提出する場合には、あらかじめ本人の同意を得る必要はない。従って、本記述は正しい。

以上により、問題文BCは正しいが、Aは誤っている。

解答▶▶ ア

課題Ⅰ　個人情報保護の総論

問題64 以下のアからエまでの記述のうち、個人情報の適正な取得に関する【問題文A】から【問題文C】の内容として正しいものを1つ選びなさい。

【問題文A】個人情報取扱事業者が、親の同意なく、十分な判断能力を有していない子どもから、取得状況から考えて関係のない親の収入事情などの家族の個人情報を取得した場合、不正の手段により個人情報を取得したといえる。

【問題文B】個人情報取扱事業者が、不正の手段で個人情報が取得されたことを知り、又は容易に知ることができたにもかかわらず、当該個人情報を取得した場合、不正の手段により個人情報を取得したといえる。

【問題文C】個人情報取扱事業者は、第三者からの提供により、個人情報を取得する場合には、原則として、提供元の法の遵守状況を確認し、個人情報を適切に管理している者を提供元として選定するとともに、実際に個人情報を取得する際には、当該個人情報の取得方法等を確認した上で、それが適法に取得されたことが確認できない場合は、その取得を自粛することを含め、慎重に対応することが望ましい。

ア．Aのみ誤っている。
イ．Bのみ誤っている。
ウ．Cのみ誤っている。
エ．すべて正しい。

解説▶▶ 適正な取得（17条）

個人情報保護法は、17条で、個人情報取扱事業者は、偽りその他不正の手段により個人情報を取得してはならないと定めている。

A 正しい。 個人情報取扱事業者が、親の同意がなく、十分な判断能力を有していない子どもから、取得状況から考えて関係のない親の収入事情などの家族の個人情報を取得した場合、不正の手段により個人情報を取得したといえる。従って、本記述は正しい。

B 正しい。 個人情報取扱事業者が、不正の手段で個人情報が取得されたことを知り、又は容易に知ることができたにもかかわらず、当該個人情報を取得した場合、不正の手段により個人情報を取得したといえる。従って、本記述は正しい。

C 正しい。 個人情報取扱事業者は、第三者からの提供により、個人情報を取得する場合には、原則として、提供元の法の遵守状況（例えば、オプトアウト、利用目的、開示手続、問合わせ・苦情の受付窓口を公表していることなど）を確認し、個人情報を適切に管理している者を提供元として選定する必要がある。そして、実際に個人情報を取得する際には、例えば、取得の経緯を示す契約書等の書面を点検する等により、当該個人情報の取得方法等を確認した上で、当該個人情報が適法に取得されたことが確認できない場合は、偽りその他不正の手段により取得されたものである可能性もあることから、その取得を自粛することを含め、慎重に対応することが望ましい。従って、本記述は正しい。

以上により、問題文ＡＢＣはすべて正しい。

解答▶▶ エ

課題Ⅰ　個人情報保護の総論

問題 65　以下のアからエまでのうち、個人情報の適正な取得に関して、【問題文A】及び【問題文B】の正誤の組合せとして正しいものを1つ選びなさい。

【問題文A】個人情報取扱事業者が、第三者提供制限違反がされようとしていることを知り、又は容易に知ることができるにもかかわらず、個人情報を取得したとしても、個人情報保護法上、問題はないとされている。

【問題文B】個人情報取扱事業者は、偽り等その他不正の手段により個人情報を取得してはならず、例えば、虚偽の目的を告げて個人情報を取得することは禁止される。しかし、不正の手段により取得された個人情報であることを容易に知ることができるにもかかわらず、その個人情報を取得することは、不正の手段とはいえないので禁止されていない。

ア．A＝○　B＝○
イ．A＝○　B＝×
ウ．A＝×　B＝○
エ．A＝×　B＝×

解説 ▶▶ **適正な取得（17条）**

個人情報保護法17条は、個人情報取扱事業者は、偽りその他不正の手段により個人情報を取得してはならないと定めている。

A 誤　り。　17条は、「個人情報取扱事業者は、偽りその他不正の手段により個人情報を取得してはならない」と規定している。そして、この「不正の手段」による取得には、23条に規定する第三者提供制限違反がされようとしていることを知り、又は容易に知ることができるにもかかわらず、個人情報を取得する場合も含まれると解されている。よって、第三者提供制限違反の個人データを取得することは、個人情報保護法17条に違反する可能性がある。従って、本記述は誤っている。

B 誤　り。　17条は、「個人情報取扱事業者は、偽りその他不正の手段により個人情報を取得してはならない」と規定している。例えば、第三者に個人情報を転売するといった利用目的を隠して、統計調査のためというような虚偽の目的を告げて個人情報を取得することは、「不正の手段」による取得といえる。そして、この「不正の手段」による取得には、不正の手段で個人情報が取得されたことを知り、又は容易に知ることができるにもかかわらず、当該個人情報を取得する場合も含まれると解されている。従って、本記述は誤っている。

以上により、問題文ＡＢはともに誤っている。

解答 ▶▶ **エ**

問題66 以下のアからエまでのうち、個人情報の適正な取得に関する【問題文A】及び【問題文B】の正誤の組合せとして正しいものを1つ選びなさい。

【問題文A】個人情報取扱事業者が、不正の利益を得る目的で、秘密として管理されている事業上有用な個人情報で公然と知られていないものを、不正に取得したり、不正に使用・開示したりした場合には、不正競争防止法により刑事罰が科されることがある。

【問題文B】個人情報取扱事業者が、他の事業者に指示して不正の手段で個人情報を取得させ、その事業者から個人情報を取得する場合は、不正の手段により個人情報を取得したとはいえない。

ア．A＝○　B＝○
イ．A＝○　B＝×
ウ．A＝×　B＝○
エ．A＝×　B＝×

解説 ▶▶ 適正な取得（17条）

個人情報保護法17条は、個人情報取扱事業者は、偽りその他不正の手段により個人情報を取得してはならないと定めている。

A 正しい。 個人情報取扱事業者が、不正の利益を得る目的で、又はその保有者に損害を加える目的で、秘密として管理されている事業上有用な個人情報で公然と知られていないものを、不正に取得したり、不正に使用・開示したりした場合には、不正競争防止法21条、22条により刑事罰が科されることがある。従って、本記述は正しい。

B 誤り。 個人情報取扱事業者が、他の事業者に指示して不正の手段で個人情報を取得させ、その事業者から個人情報を取得する場合は、不正の手段により個人情報を取得したといえる。従って、本記述は誤っている。

以上により、問題文Aは正しいが、Bは誤っている。

解答 ▶▶ イ

問題67 以下のアからエまでのうち、個人情報の利用目的の通知・公表に関する【問題文A】及び【問題文B】の正誤の組合せとして正しいものを1つ選びなさい。

【問題文A】個人情報取扱事業者は、個人情報の取扱いの委託を受けて、個人情報を取得する場合、あらかじめその利用目的を公表している場合を除き、原則として、速やかに、その利用目的を、本人に通知し、又は公表しなければならない。

【問題文B】個人情報取扱事業者は、契約書に記載された個人情報を本人から直接取得する場合、あらかじめ、本人に対し、その利用目的を明示しなければならない。

ア．A＝〇　B＝〇
イ．A＝〇　B＝×
ウ．A＝×　B＝〇
エ．A＝×　B＝×

解説 ▶▶ 取得に際しての利用目的の通知・公表等（18条）

個人情報保護法18条1項は、個人情報取扱事業者は、個人情報を取得した場合は、あらかじめその利用目的を公表している場合を除き、速やかに、その利用目的を、本人に通知し、又は公表しなければならないと定めている。また、18条2項は、直接書面等により取得する場合は、原則として、あらかじめ、本人に対し、その利用目的を明示しなければならないと定めている。

A 正しい。　個人情報取扱事業者は、個人情報の取扱いの委託を受けて、個人情報を取得する場合も、あらかじめその利用目的を公表している場合を除き、原則として、速やかに、その利用目的を、本人に通知し、又は公表しなければならない（18条1項）。従って、本記述は正しい。

B 正しい。　個人情報取扱事業者は、契約書に記載された個人情報を直接本人から取得する場合のように、直接書面等により個人情報を取得する場合は、あらかじめ、本人に対し、その利用目的を明示しなければならない（18条2項）。従って、本記述は誤っている。

以上により、問題文ABはともに正しい。

解答 ▶▶ ア

問題68 個人情報の利用目的の通知・公表等に関する以下のアからエまでの記述のうち、誤っているものを1つ選びなさい。

ア．個人情報取扱事業者は、インターネット、官報、職員録等から個人情報を取得する場合、あらかじめその利用目的を公表している場合を除き、速やかに、その利用目的を、本人に通知し、又は公表しなければならない。

イ．個人情報取扱事業者は、個人情報の第三者提供を受ける場合、あらかじめその利用目的を公表していなくても、その利用目的を、本人に通知し、又は公表する必要はない。

ウ．個人情報取扱事業者は、懸賞の応募はがきに記載された個人情報を直接本人から取得する場合、あらかじめ、本人に対し、その利用目的を明示しなければならない。

エ．個人情報取扱事業者は、商品・サービス等を販売・提供する場合、住所・電話番号等の個人情報を取得する場合があるが、その利用目的が当該商品・サービス等の販売・提供のみを確実に行うためという利用目的であるような場合、その利用目的を、本人に通知し、又は公表しなくてもよい。

解説 ▶▶ 取得に際しての利用目的の通知・公表等（18条）

個人情報保護法18条は、個人情報取扱事業者が個人情報を取得した場合の利用目的の通知・公表等について定めている。

ア 正しい。 個人情報取扱事業者は、個人情報を取得した場合、あらかじめその利用目的を公表している場合を除き、速やかに、その利用目的を、本人に通知し、又は公表しなければならない（18条1項）。インターネット、官報、職員録等から個人情報を取得する場合も本人への通知・公表が必要である。従って、本記述は正しい。

イ 誤り。 個人情報取扱事業者は、個人情報を取得した場合、あらかじめその利用目的を公表している場合を除き、速やかに、その利用目的を、本人に通知し、又は公表しなければならない（18条1項）。個人情報の第三者提供を受ける場合も、本人への通知・公表が必要である。従って、本記述は誤っている。

ウ 正しい。 個人情報取扱事業者は、本人との間で契約を締結することに伴って契約書その他の書面（電子的方式、磁気的方式その他人の知覚によっては認識することができない方式で作られる記録を含む。）に記載された当該本人の個人情報を取得する場合その他本人から直接書面に記載された当該本人の個人情報を取得する場合は、あらかじめ、本人に対し、その利用目的を明示しなければならない（18条2項本文）。懸賞の応募はがきに記載された個人情報を直接本人から取得する場合もこれに当たる。従って、本記述は正しい。

エ 正しい。 18条4項各号は、個人情報取扱事業者が個人情報の取得に際して、例外的に、利用目的を本人に通知し、又は公表しなくてもよい場合を定めている。このうち4号は、「取得の状況からみて利用目的が明らかであると認められる場合」を挙げている。商品・サービス等を販売・提供する場合、住所・電話番号等の個人情報を取得する場合があるが、その利用目的が当該商品・サービス等の販売・提供のみを確実に行うためという利用目的であるような場合はこれに当たる。従って、本記述は正しい。

解答 ▶▶ イ

問題69 以下のアからエまでの記述のうち、個人情報の利用目的の通知・公表等に関する【問題文A】から【問題文C】の内容として正しいものを1つ選びなさい。

【問題文A】個人情報取扱事業者は、個人情報を取得する場合は、あらかじめその利用目的を公表していることが望ましいが、公表していない場合は、原則として、取得後速やかに、その利用目的を、本人に通知するか、又は公表しなければならない。

【問題文B】個人情報取扱事業者は、個人情報の取扱いの委託を受けて、個人情報を取得する場合、あらかじめその利用目的を公表している場合を除き、原則として、速やかに、その利用目的を、本人に通知し、又は公表しなければならない。

【問題文C】公開手配を行わないで、被疑者に関する個人情報を、警察から被疑者の立ち回りが予想される個人情報取扱事業者に限って提供する場合、警察から受け取った当該個人情報取扱事業者が、利用目的を本人に通知し、又は公表することにより、捜査活動に重大な支障を及ぼすおそれがある場合は、当該個人情報取扱事業者は、あらかじめその利用目的を公表していない場合でも、速やかに本人にその利用目的を通知・公表する必要はない。

ア． Aのみ誤っている。
イ． Bのみ誤っている。
ウ． Cのみ誤っている。
エ． すべて正しい。

解説 ▶▶ 取得に際しての利用目的の通知・公表等（18条）

個人情報保護法18条1項は、個人情報取扱事業者は、個人情報を取得した場合は、あらかじめその利用目的を公表している場合を除き、速やかに、その利用目的を、本人に通知し、又は公表しなければならないと定めている。また、18条2項は、直接書面等により取得する場合は、原則として、あらかじめ、本人に対し、その利用目的を明示しなければならないと定めている。

A 正しい。 個人情報取扱事業者は、個人情報を取得した場合は、あらかじめその利用目的を公表している場合を除き、原則として、速やかに、その利用目的を、本人に通知し、又は公表しなければならない（18条1項）。従って、本記述は正しい。

B 正しい。 個人情報取扱事業者は、個人情報の取扱いの委託を受けて、個人情報を取得する場合も、あらかじめその利用目的を公表している場合を除き、原則として、速やかに、その利用目的を、本人に通知し、又は公表しなければならない（18条1項）。従って、本記述は正しい。

C 正しい。 個人情報取扱事業者が、個人情報の取得に際して、例外的に利用目的を本人に通知し、又は公表しなくてもよい場合として、「国の機関又は地方公共団体が法令の定める事務を遂行することに対して協力する必要がある場合であって、利用目的を本人に通知し、又は公表することにより当該事務の遂行に支障を及ぼすおそれがあるとき」がある（18条4項3号）。公開手配を行わないで、被疑者に関する個人情報を、警察から被疑者の立ち回りが予想される個人情報取扱事業者に限って提供する場合、警察から受け取った当該個人情報取扱事業者が、利用目的を本人に通知し、又は公表することにより、捜査活動に重大な支障を及ぼすおそれがある場合はこれに当たる。従って、本記述は正しい。

以上により、問題文ＡＢＣはすべて正しい。

解答 ▶▶ エ

個人情報保護法の理解

問題70 以下のアからエまでの記述のうち、個人情報を本人から直接書面により取得する場合に関する【問題文A】から【問題文C】の内容として正しいものを1つ選びなさい。

【問題文A】個人情報取扱事業者が、申込書・契約書に記載された個人情報を本人から直接取得する場合には、原則として、あらかじめ、本人に対し、その個人情報の利用目的を明示しなければならない。

【問題文B】個人情報取扱事業者は、人の生命、身体又は財産の保護のために緊急に必要がある場合、あらかじめ、本人に対し、その個人情報の利用目的を明示する必要はなく、取得後速やかにその利用目的を、本人に対して通知や公表もしなくてもよい。

【問題文C】個人情報取扱事業者は、一般の慣行として名刺を交換し、名刺に記載された個人情報の利用目的が今後の連絡のためという場合には、取得の状況からみて利用目的が明らかであると認められることから、あらかじめ、本人に対し、その個人情報の利用目的を明示しなくてもよい。

ア．Aのみ誤っている。
イ．Bのみ誤っている。
ウ．Cのみ誤っている。
エ．すべて正しい。

解説 ▶▶ 取得に際しての利用目的の明示（18条2項）

個人情報保護法18条2項は、個人情報取扱事業者は、1項の規定にかかわらず、本人との間で契約を締結することに伴って契約書その他の書面（電子的方式、磁気的方式その他人の知覚によっては認識することができない方式で作られる記録を含む。）に記載された当該本人の個人情報を取得する場合その他本人から直接書面に記載された当該本人の個人情報を取得する場合は、原則として、あらかじめ、本人に対し、その利用目的を明示しなければならない旨を定めている。

A 正しい。　個人情報取扱事業者が、本人から直接書面に記載された当該本人の個人情報を取得する場合は、原則として、あらかじめ、本人に対し、その利用目的を明示しなければならない（18条2項）。申込書・契約書に記載された個人情報を本人から直接取得する場合は、これに当たる。従って、本記述は正しい。

B 誤り。　人の生命、身体又は財産の保護のために緊急に必要がある場合には、あらかじめ、本人に対し、その個人情報の利用目的を明示する必要はないとされている（18条2項ただし書）。もっとも、この場合であっても、18条1項に基づいて、取得後速やかにその利用目的を、本人に通知し、又は公表しなければならないとされている。従って、本記述は誤っている。

C 正しい。　一般の慣行として名刺を交換し、名刺に記載された個人情報（氏名・所属・肩書・連絡先等）の利用目的が今後の連絡のためという場合には、取得の状況からみて利用目的が明らかであると認められることから、あらかじめ、本人に対し、その個人情報の利用目的を明示しなくてもよい（18条4項4号）。従って、本記述は正しい。

以上により、問題文ACは正しいが、Bは誤っている。

解答 ▶▶ イ

問題 71

以下のアからエまでの記述のうち、個人情報を本人から直接書面により取得する場合に関する【問題文A】から【問題文C】の内容として正しいものを1つ選びなさい。

【問題文A】 Aは、個人情報取扱事業者であるレンタルショップで会員登録をしようと思い、その従業員から渡された会員規約（個人情報の利用目的は明記されていない）に目を通した上で登録用紙に記入し、これを従業員に渡し、会員証を受け取った。個人情報の利用目的を明示していないため、レンタルショップの対応は、個人情報保護法に違反する。

【問題文B】 Bは、書店に行ったところ、購入しようと思っていた本がなかったので、取り寄せてもらうことにした。個人情報取扱事業者である書店の店員から「入荷次第ご連絡いたします」と言われ、伝票の記入を求められたので、Bは、自己の氏名と電話番号を記入して店員に手渡した。個人情報の利用目的を明示していないため、書店の対応は、個人情報保護法に違反する。

【問題文C】 Cは、個人情報取扱事業者であるNPO法人の代表者と、名刺の交換をした。名刺交換の状況から、名刺に記載された個人情報の利用目的が今後の連絡のためであることが明らかであった。個人情報の利用目的を明示していないため、NPO法人の代表者の対応は、個人情報保護法に違反する。

ア．Aのみ正しい。
イ．Bのみ正しい。
ウ．Cのみ正しい。
エ．すべて誤っている。

解説 ▶▶ 直接書面等による取得・適用除外（18条2項・4項）

個人情報保護法は、18条2項で、本人との間で契約を締結することに伴って契約書その他の書面（電子的方式、磁気的方式その他人の知覚によっては認識することができない方式で作られる記録を含む）に記

載された当該本人の個人情報を取得する場合その他本人から直接書面に記載された当該本人の個人情報を取得する場合は、あらかじめ、本人に対し、その利用目的を明示しなければならないと定めている。そして、18条4項は、この規定の適用が除外される場合を定めている。

A 正しい。　個人情報取扱事業者は、書面等により直接本人から個人情報を取得する場合には、あらかじめ本人に対し、その利用目的を明示しなければならない（18条2項）。本記述の場合、従業員から渡された会員規約内に個人情報の利用目的が明記されていない。よって、レンタルショップの対応は、18条2項に違反する。従って、本記述は正しい。

B 誤り。　個人情報取扱事業者は、書面等により直接本人から個人情報を取得する場合には、あらかじめ本人に対し、その利用目的を明示しなければならない（18条2項）。そして、この規定の適用が除外される場合が定められている（18条4項）。本件においては、店員から「入荷次第ご連絡いたします」と言われており、入荷連絡のためという利用目的が明らかであるといえることから、「取得の状況からみて利用目的が明らかであると認められる場合」（18条4項4号）に当たり、18条2項は適用されない。よって、書店の対応は、個人情報保護法に違反しない。従って、本記述は誤っている。

C 誤り。　一般の慣行として名刺を交換し、名刺に記載された個人情報（氏名・所属・肩書・連絡先等）の利用目的が今後の連絡のためという場合には、取得の状況からみて利用目的が明らかであると認められることから、あらかじめ、本人に対し、その個人情報の利用目的を明示しなくてもよい（18条4項4号）。よって、NPO法人の代表者の対応は、個人情報保護法に違反しない。従って、本記述は誤っている。

以上により、問題文BCは誤っているが、Aは正しい。

解答 ▶▶ ア

問題72 次の文章は、個人情報保護法違反の有無が問題となる事例である。次のアからエまでの記述のうち、【事例A】から【事例C】の内容として正しいものを1つ選びなさい。

【事例A】スポーツシューズを購入しようと思い、あるスポーツ用品販売店に行ったところ、「今、メール会員登録をすると、新商品・サービスに関する情報をメールでお知らせします」と言われたので、登録票にメールアドレスの他、氏名、性別、生年月日、好きなスポーツを記入して手渡した。後日、そのスポーツ用品販売店は、「新商品・サービスに関する情報のお知らせ」という利用目的に「既存の商品・サービスに関する情報のお知らせ」を追加し、本人（メール会員登録者）に対して、利用目的を追加する旨の通知をした。

【事例B】ある本を取り寄せて購入しようと思い、書店に行って取り寄せを依頼したところ、書店の店員に「入荷次第ご連絡いたします」と言われたので、取り寄せ伝票に氏名と電話番号を記入して手渡した。

【事例C】あるメーカーの新シーズンのカタログを入手しようと思い、そのメーカーのインターネットサイトに接続し、サイト内のトップページに明記されたプライバシーポリシーに目を通した上で、サイト内の請求用ページにある入力フォームに郵送先の住所と氏名を記入し、送信するボタンを押した。

ア．事例Aのみ、個人情報保護法に違反する内容を含む。
イ．事例Bのみ、個人情報保護法に違反する内容を含む。
ウ．事例Cのみ、個人情報保護法に違反する内容を含む。
エ．事例ABCはすべて、個人情報保護法に違反する内容を含まない。

解説 ▶▶ 利用目的の変更・直接書面等による取得

個人情報保護法は、15条2項において利用目的の変更を、18条3項において利用目的の変更の際の通知・公表を、18条2項において直接書面等による取得を定めている。本問は、これらの規定についての理解を問うものである。

A 違反しない。個人情報取扱事業者は、利用目的を変更する場合には、

変更前の利用目的と相当の関連性を有すると合理的に認められる範囲を超えて行ってはならない（15条2項）。そして、社会通念上、本人が想定することが困難でないと認められる範囲内で変更することは可能であると解される。本事例のような場合、「新商品・サービスに関する情報のお知らせ」という利用目的に「既存の商品・サービスに関する情報のお知らせ」を追加することは、変更前の利用目的と相当の関連性を有すると合理的に認められる範囲内での変更であるといえる。次に、個人情報取扱事業者は、利用目的を変更した場合は、変更された利用目的について、本人に通知し、又は公表しなければならない（18条3項）。本事例においては、利用目的を追加する旨の通知をしている。従って、本事例は、個人情報保護法に違反する内容を含まない。

B　違反しない。 18条2項は、個人情報取扱事業者は、本人との間で契約を締結することに伴って、書面等により直接本人から個人情報を取得する場合には、あらかじめ本人に対し、その利用目的を明示しなければならないと定めている。本事例においては、店員により、入荷連絡のためという利用目的が明示されている。従って、本事例は、個人情報保護法に違反する内容を含まない。

C　違反しない。 18条2項は、個人情報取扱事業者は、本人との間で契約を締結することに伴って、書面等により直接本人から個人情報を取得する場合には、あらかじめ本人に対し、その利用目的を明示しなければならないと定めている。本事例においては、サイト内のトップページにプライバシーポリシーが明記されており、個人情報の利用目的が明示されているといえる。従って、本事例は、個人情報保護法に違反する内容を含まない。

以上により、事例ABCはすべて、個人情報保護法に違反する内容を含まない。

解答 ▶▶ エ

個人情報保護法の理解

問題73 以下のアからエまでのうち、個人データの正確性の確保に関する【問題文A】及び【問題文B】の正誤の組合せとして正しいものを1つ選びなさい。

【問題文A】個人情報取扱事業者は、利用目的の達成に必要な範囲内において、個人データを正確かつ最新の内容に保つよう努めなければならない。

【問題文B】個人情報取扱事業者が、個人データを正確かつ最新の内容に保つための手段として、誤り等を発見した場合の訂正等の手続の整備が挙げられる。

ア．A＝○　B＝○
イ．A＝○　B＝×
ウ．A＝×　B＝○
エ．A＝×　B＝×

解説 ▶▶ 個人データの正確性の確保（19条）

個人情報保護法19条は、個人情報取扱事業者は、利用目的の達成に必要な範囲内において、個人データを正確かつ最新の内容に保つよう努めなければならないと定めている。

A 正しい。 個人情報取扱事業者は、利用目的の達成に必要な範囲内において、個人データを正確かつ最新の内容に保つよう努めなければならない（19条）。従って、本記述は正しい。

B 正しい。 個人情報取扱事業者が、個人データを正確かつ最新の内容に保つための手段として、誤り等を発見した場合の訂正等の手続の整備が挙げられる。従って、本記述は正しい。

以上により、問題文ABはともに正しい。

解答 ▶▶ ア

課題Ⅰ　個人情報保護の総論

> **問題 74** 以下のアからエまでのうち、個人データの正確性の確保に関する【問題文A】及び【問題文B】の正誤の組合せとして正しいものを1つ選びなさい。
>
> 【問題文A】個人情報取扱事業者が、正確かつ最新の内容に保つための手段として、保存期間の設定が挙げられる。
>
> 【問題文B】個人情報取扱事業者が、正確かつ最新の内容に保つための手段として、記録事項の更新が挙げられる。
>
> ア．A ＝ ○　B ＝ ○
> イ．A ＝ ○　B ＝ ×
> ウ．A ＝ ×　B ＝ ○
> エ．A ＝ ×　B ＝ ×

解説 ▶▶ 個人データの正確性の確保（19条）

個人情報保護19条は、個人情報取扱事業者は、利用目的の達成に必要な範囲内において、個人データを正確かつ最新の内容に保つよう努めなければならないと定めている。

A 正しい。　個人情報取扱事業者が、個人データを正確かつ最新の内容に保つための手段の1つとして、保存期間の設定が挙げられる。従って、本記述は正しい。

B 正しい。　個人情報取扱事業者が、個人データを正確かつ最新の内容に保つための手段の1つとして、記録事項の更新が挙げられる。従って、本記述は正しい。

以上により、問題文ABはともに正しい。

解答 ▶▶ ア

問題75 安全管理措置に関する以下のアからエまでの記述のうち、誤っているものを1つ選びなさい。

ア． 個人情報取扱事業者が、公開されることを前提としていない個人データが事業者のWeb画面上で不特定多数に公開されている状態を放置している場合、安全管理措置義務違反となり得る。

イ． 個人データに対してアクセス制御が実施されておらず、アクセスを許可されていない従業者がそこから個人データを入手して漏えいした場合、安全管理措置義務違反となり得る。

ウ． 委託する業務内容に対して必要のない個人データを提供し、委託先が個人データを漏えいした場合、安全管理措置義務違反となり得る。

エ． 事業者において全く加工をしておらず、書店で誰もが容易に入手できる市販名簿を、廃品回収に出した場合、シュレッダー等による処理を行わなかったときは、安全管理措置義務違反となる。

解説▶▶ 安全管理措置（20条）

個人情報保護法20条は、個人情報取扱事業者は、その取り扱う個人データの漏えい、滅失又はき損の防止その他の個人データの安全管理のために必要かつ適切な措置を講じなければならないと定めている。

ア 正しい。 個人情報取扱事業者が、公開されることを前提としていない個人データが事業者のWeb画面上で不特定多数に公開されている状態を放置している場合、安全管理措置の義務違反となり得る。従って、本記述は正しい。

イ 正しい。 個人データに対してアクセス制御が実施されておらず、アクセスを許可されていない従業者がそこから個人データを入手して漏えいした場合、安全管理措置の義務違反となり得る。従って、本記述は正しい。

ウ 正しい。 委託する業務内容に対して必要のない個人データを提供し、委託先が個人データを漏えいした場合、安全管理措置の義務違反となり得る。従って、本記述は正しい。

エ 誤り。 書店で誰もが容易に入手できる市販名簿（事業者において全く加工をしていないもの）を処分するため、シュレッダー等による処理を行わずに廃棄し、又は、廃品回収に出した場合は、安全管理措置の義務違反とはならないとされている。従って、本記述は誤っている。

解答 ▶▶ エ

問題76 以下のアからエまでのうち、安全管理措置に関する【問題文A】及び【問題文B】の正誤の組合せとして正しいものを1つ選びなさい。

【問題文A】個人情報取扱事業者は、その取り扱う個人データの漏えい、滅失又はき損の防止その他の個人データの安全管理のため、組織的、人的、物理的及び技術的な安全管理措置を講じなければならない。

【問題文B】個人情報取扱事業者は、組織変更が行われ、個人データにアクセスする必要がなくなった従業者が個人データにアクセスできる状態を放置していた場合で、その従業者が個人データを漏えいした場合、必要かつ適切な安全管理措置を講じているとはいえない。

ア．A＝○　B＝○
イ．A＝○　B＝×
ウ．A＝×　B＝○
エ．A＝×　B＝×

解説 ▶▶ 安全管理措置（20条）

個人情報保護法20条は、個人情報取扱事業者は、その取り扱う個人データの漏えい、滅失又はき損の防止その他の個人データの安全管理のために必要かつ適切な措置を講じなければならないと定めている。

A 正しい。 個人情報取扱事業者は、その取り扱う個人データの漏えい、滅失又はき損の防止その他の個人データの安全管理のために必要かつ適切な措置を講じなければならない（20条）。個人データの安全管理のために必要かつ適切な措置として、組織的、人的、物理的及び技術的な安全管理措置を講じなければならないとされている。従って、本記述は正しい。

B 正しい。 組織変更が行われ、個人データにアクセスする必要がなくなった従業者が個人データにアクセスできる状態を個人情報取扱事業者が放置していた場合で、その従業者が個人データを漏えいした場合、必要かつ適切な安全管理措置を講じているとはいえない。従って、本記述は正しい。

以上により、問題文ＡＢはともに正しい。

解答 ▶▶ ア

問題 77

安全管理措置に関する以下のアからエまでの記述のうち、誤っているものを1つ選びなさい。

ア． 個人情報取扱事業者は、その取り扱う個人データをバックアップした媒体が、持ち出しを許可されていない者により持ち出し可能な状態になっており、その媒体が持ち出されてしまった場合、必要かつ適切な安全管理措置を講じているとはいえない。

イ． クレジットカード情報が漏えいした場合、クレジットカード情報等の不正使用によるなりすまし購入などの二次被害が発生する可能性が高いため、クレジット販売関係事業者等は、クレジットカード情報等の安全管理措置を特に講じることが望ましい。

ウ． 本人が継続的にサービスを受けるために登録していた個人データが、システム障害により破損したが、採取したつもりのバックアップも破損しており、個人データを復旧できずに滅失又はき損し、本人がサービスの提供を受けられなくなった場合、必要かつ適切な安全管理措置を講じているとはいえない。

エ． 個人情報取扱事業者が、事業者において全く加工をしておらず、書店で誰もが容易に入手できる市販名簿を、シュレッダー等による処理を行わずに廃棄し、又は、廃品回収に出した場合は、必要かつ適切な安全管理措置を講じているとはいえない。

解説▶▶ 安全管理措置（20条）

個人情報保護法20条は、個人情報取扱事業者は、その取り扱う個人データの漏えい、滅失又はき損の防止その他の個人データの安全管理のために必要かつ適切な措置を講じなければならないと定めている。

ア 正しい。 個人情報取扱事業者は、その取り扱う個人データをバックアップした媒体が、持ち出しを許可されていない者により持ち出し可能な状態になっており、その媒体が持ち出されてしまった場合、必要かつ適切な安全管理措置を講じているとはいえない。従って、本記述は正しい。

イ 正しい。 クレジットカード情報が漏えいした場合、クレジットカード情報等の不正使用によるなりすまし購入などの二次被害が発生する可能性が高いため、クレジット販売関係事業者等（クレジットカード会社のほか、クレジットカー

ド決済を利用した販売等を行う事業者及びクレジットカード決済を利用した販売等に係る業務を行う事業者並びにこれら事業者からクレジットカード情報等の取扱いを伴う業務の委託を受けている事業者）は、クレジットカード情報等の安全管理措置を特に講じることが望ましいとされている。例えば、クレジットカード読取端末からのクレジットカード情報等の漏えい防止措置を実施（クレジットカード読取端末にはスキミング防止のためのセキュリティ機能（漏えい防止措置等）を搭載する等）することが望ましいとされる。従って、本記述は正しい。

ウ 正しい。 本人が継続的にサービスを受けるために登録していた個人データが、システム障害により破損したが、採取したつもりのバックアップも破損しており、個人データを復旧できずに滅失又はき損し、本人がサービスの提供を受けられなくなった場合、必要かつ適切な安全管理措置を講じているとはいえない。従って、本記述は正しい。

エ 誤 り。 個人情報取扱事業者が、書店で誰もが容易に入手できる市販名簿（事業者において全く加工をしていないもの）を処分するため、シュレッダー等による処理を行わずに廃棄し、又は、廃品回収に出した場合、必要かつ適切な安全管理措置を講じているといえる。従って、本記述は誤っている。

解答 ▶▶ エ

問題78 安全管理措置に関する【問題文A】から【問題文C】までの内容についての以下のアからエまでの記述のうち、正しいものを1つ選びなさい。

【問題文A】人的安全管理措置とは、安全管理について従業者の責任と権限を明確に定め、安全管理に対する規程や手順書を整備運用し、その実施状況を確認することをいう。

【問題文B】物理的安全管理措置とは、入退館（室）の管理、個人データの盗難の防止等の措置をいう。

【問題文C】技術的安全管理措置とは、個人データ及びそれを取り扱う情報システムへのアクセス制御、不正ソフトウェア対策、情報システムの監視等、個人データに対する技術的な安全管理措置をいう。

ア．Aのみ誤っている。
イ．Bのみ誤っている。
ウ．Cのみ誤っている。
エ．すべて正しい。

解説▶▶ 安全管理措置（20条）

個人情報取扱事業者が講じるべき安全管理措置の種類は、組織的、人的、物理的、及び技術的安全管理措置の4つに分類される。

A 誤り。　人的安全管理措置とは、従業者に対する、業務上秘密と指定された個人データの非開示契約の締結や教育・訓練等を行うことをいう。安全管理について従業者の責任と権限を明確に定め、安全管理に対する規程や手順書を整備運用し、その実施状況を確認することは、組織的安全管理措置の内容である。従って、本記述は誤っている。

B 正しい。　物理的安全管理措置とは、入退館（室）の管理、個人データの盗難の防止等の措置をいう。従って、本記述は正しい。

C 正しい。　技術的安全管理措置とは、個人データ及びそれを取り扱う情報システムへのアクセス制御、不正ソフトウェア対策、情報システムの監視等、個人データに対する技術的な安全管理措置をいう。従って、本記述は正しい。

以上により、問題文Aのみが誤っている。

解答▶▶ ア

個人情報保護法の理解

問題79 安全管理措置に関する以下のアからエまでの記述のうち、組織的安全管理措置として講じなければならない事項に含まれないものを1つ選びなさい。

ア．盗難等の防止
イ．事故又は違反への対処
ウ．個人データの安全管理措置の評価、見直し及び改善
エ．個人データの安全管理措置を定める規程等の整備と規程等に従った運用

解説▶▶ 安全管理措置（20条）

個人情報保護法20条は、個人情報取扱事業者は、その取り扱う個人データの漏えい、滅失又はき損の防止その他の個人データの安全管理のために必要かつ適切な措置を講じなければならないと定めている。安全管理措置の種類は、組織的、人的、物理的及び技術的安全管理措置の4つに分類される。

なお、組織的安全管理措置とは、安全管理について従業者（21条参照）の責任と権限を明確に定め、安全管理に対する規程や手順書を整備運用し、その実施状況を確認することをいう。

ア 含まれない。 個人情報取扱事業者が組織的安全管理措置として講じなければならない事項として、「盗難等の防止」は挙げられていない。これは、物理的安全管理措置として講じなければならない事項に含まれる。

イ 含まれる。 個人情報取扱事業者が組織的安全管理措置として講じなければならない事項として、「事故又は違反への対処」が挙げられる。

ウ 含まれる。 個人情報取扱事業者が組織的安全管理措置として講じなければならない事項として、「個人データの安全管理措置の評価、見直し及び改善」が挙げられる。

エ 含まれる。 個人情報取扱事業者が組織的安全管理措置として講じなければならない事項として、「個人データの安全管理措置を定める規程等の整備と規程等に従った運用」が挙げられる。

解答▶▶ ア

課題Ⅰ　個人情報保護の総論

問題80 安全管理措置に関する以下のアからエまでの記述のうち、技術的安全管理措置として講じなければならない措置として誤っているものを1つ選びなさい。

ア．個人データを含む媒体の施錠保管
イ．個人データへのアクセス制御
ウ．個人データのアクセスの記録
エ．個人データを取り扱う情報システムの監視

解説▶▶ 安全管理措置（20条）

個人情報取扱事業者が講じるべき安全管理措置の種類は、組織的、人的、物理的、及び技術的安全管理措置の4つに分類される。

ア 誤り。 個人データを含む媒体の施錠保管は、物理的安全管理措置として講じなければならない措置として挙げられている。従って、本記述は、技術的安全管理措置として講じなければならない措置として誤っている。

イ 正しい。 個人データへのアクセス制御は、技術的安全管理措置として講じなければならない措置として挙げられている。従って、本記述は、技術的安全管理措置として講じなければならない措置として正しい。

ウ 正しい。 個人データのアクセスの記録は、技術的安全管理措置として講じなければならない措置として挙げられている。従って、本記述は、技術的安全管理措置として講じなければならない措置として正しい。

エ 正しい。 個人データを取り扱う情報システムの監視は、技術的安全管理措置として講じなければならない措置として挙げられている。従って、本記述は、技術的安全管理措置として講じなければならない措置として正しい。

解答 ▶▶ ア

個人情報保護法の理解

問題81 以下のアからエまでのうち、個人情報取扱事業者の従業者の監督に関する【問題文A】及び【問題文B】の正誤の組合せとして正しいものを1つ選びなさい。

【問題文A】個人情報取扱事業者が、従業者の監督をするに当たっては、本人の個人データが漏えい、滅失又はき損等をした場合に本人が被る権利利益の侵害の大きさを考慮し、事業の性質及び個人データの取扱状況等に起因するリスクに応じ、必要かつ適切な措置を講じるものとされている。

【問題文B】個人情報取扱事業者は、従業者が、個人データの安全管理措置を定める規程等に従って業務を行っていることを、あらかじめ定めた間隔で定期的に確認せず、結果、個人データが漏えいした場合、従業者に対して必要かつ適切な監督を行っていたとはいえない。

ア．A＝○　B＝○
イ．A＝○　B＝×
ウ．A＝×　B＝○
エ．A＝×　B＝×

解説 ▶▶ 従業者の監督（21条）

個人情報保護法21条は、個人情報取扱事業者は、その従業者に個人データを取り扱わせるに当たっては、当該個人データの安全管理が図られるよう、当該従業者に対する必要かつ適切な監督を行わなければならないと定めている。

A 正しい。　個人情報取扱事業者が、従業者の監督をするに当たっては、本人の個人データが漏えい、滅失又はき損等をした場合に本人が被る権利利益の侵害の大きさを考慮し、事業の性質及び個人データの取扱状況等に起因するリスクに応じ、必要かつ適切な措置を講じるものとされている。従って、本記述は正しい。

B 正しい。　個人情報取扱事業者は、従業者が、個人データの安全管理措置を定める規程等に従って業務を行っていることを、あらかじめ定めた間隔で定期的に確認せず、結果、個人データが漏えいした場合、従業者に対して必要かつ適切な監督を行っていたとはいえない。従って、本記述は正しい。

以上により、問題文ＡＢはともに正しい。

解答 ▶▶ ア

問題82 個人情報取扱事業者の従業者の監督に関する以下のアからエまでの記述のうち、誤っているものを1つ選びなさい。

ア. 株式会社の取締役は、個人情報取扱事業者が監督義務を負う「従業者」に当たらない。

イ. アルバイト社員は、個人情報取扱事業者が監督義務を負う「従業者」に当たる。

ウ. 個人情報取扱事業者は、従業者が、個人データの安全管理措置を定める規程等に従って業務を行っていることを、あらかじめ定めた間隔で定期的に確認せず、結果、個人データが漏えいした場合、従業者に対して必要かつ適切な監督を行っていたとはいえない。

エ. 個人情報取扱事業者は、内部規程等に違反して個人データが入ったノート型パソコンを繰り返し持ち出されていたにもかかわらず、その行為を放置した結果、紛失し、個人データが漏えいした場合、従業者に対して必要かつ適切な監督を行っていたとはいえない。

解説 ▶▶ 従業者の監督（21条）

個人情報保護法21条は、個人情報取扱事業者は、その従業者に個人データを取り扱わせるに当たっては、当該個人データの安全管理が図られるよう、当該従業者に対する必要かつ適切な監督を行わなければならないと定めている。

ア 誤り。「従業者」とは、個人情報取扱事業者の組織内にあって直接または間接的に事業者の指揮監督を受けて事業者の業務に従事している者をいい、株式会社の取締役も従業者に含まれる。従って、本記述は誤っている。

イ 正しい。「従業者」とは、個人情報取扱事業者の組織内にあって直接または間接的に事業者の指揮監督を受けて事業者の業務に従事している者をいい、アルバイト社員は従業者に含まれる。従って、本記述は正しい。

ウ 正しい。個人情報取扱事業者は、従業者が、個人データの安全管理措置を定める規程等に従って業務を行っていることを、あらかじめ定めた間隔で定期的に確認せず、結果、個人データが漏えいした場合、従業者に対して必要かつ適切な監督を行っていたとはいえない。従って、本記述は正しい。

エ 正しい。個人情報取扱事業者は、内部規程等に違反して個人データが入ったノート型パソコンを繰り返し持ち出されていたにもかかわらず、その行為を放置した結果、紛失し、個人データが漏えいした場合、従業者に対して必要かつ適切な監督を行っていたとはいえない。従って、本記述は正しい。

解答 ▶▶ ア

問題 83　以下のアからエまでのうち、個人情報取扱事業者の従業者の監督に関する【問題文A】及び【問題文B】の正誤の組合せとして正しいものを1つ選びなさい。

【問題文A】個人情報取扱事業者は、その従業者に個人データを取り扱わせるに当たっては、当該個人データの安全管理が図られるよう、当該従業者に対する必要かつ適切な監督を行わなければならない。

【問題文B】嘱託社員は、個人情報取扱事業者が監督義務を負う「従業者」に当たる。

ア．A＝○　B＝○
イ．A＝○　B＝×
ウ．A＝×　B＝○
エ．A＝×　B＝×

解説 ▶▶ 従業者の監督（21条）

個人情報保護法21条は、個人情報取扱事業者は、その従業者に個人データを取り扱わせるに当たっては、当該個人データの安全管理が図られるよう、当該従業者に対する必要かつ適切な監督を行わなければならないと定めている。

A 正しい。　個人情報取扱事業者は、その従業者に個人データを取り扱わせるに当たっては、当該個人データの安全管理が図られるよう、当該従業者に対する必要かつ適切な監督を行わなければならない（21条）。従って、本記述は正しい。

B 正しい。　「従業者」とは、個人情報取扱事業者の組織内にあって直接または間接的に事業者の指揮監督を受けて事業者の業務に従事している者をいい、嘱託社員はこれに含まれる。従って、本記述は正しい。

以上により、問題文ABはともに正しい。

解答 ▶▶ ア

課題Ⅰ　個人情報保護の総論

> **問題 84** 以下のアからエまでの記述のうち、個人情報取扱事業者の委託先の監督に関する【問題文A】から【問題文C】の内容として正しいものを1つ選びなさい。
>
> 【問題文A】個人情報取扱事業者は、個人データの取扱いの全部又は一部を委託する場合は、その取扱いを委託された個人データの安全管理が図られるよう、委託を受けた者に対する必要かつ適切な監督を行わなければならない。
>
> 【問題文B】個人情報取扱事業者が委託先に対して行う「必要かつ適切な監督」には、委託先に安全管理措置を遵守させるために必要な契約を締結することが含まれる。
>
> 【問題文C】個人情報取扱事業者は、再委託の条件に関する指示を委託先に行わず、かつ委託先の個人データの取扱状況の確認を怠り、委託先が個人データの処理を再委託し、結果、再委託先が個人データを漏えいした場合は、委託を受けた者に対して必要かつ適切な監督を行っていたとはいえない。
>
> **ア．** Aのみ誤っている。
> **イ．** Bのみ誤っている。
> **ウ．** Cのみ誤っている。
> **エ．** すべて正しい。

解説 ▶▶ 委託先の監督（22条）

個人情報保護法22条は、個人情報取扱事業者は、個人データの取扱いの全部又は一部を委託する場合は、その取扱いを委託された個人データの安全管理が図られるよう、委託を受けた者に対する必要かつ適切な監督を行わなければならないと定めている。

A 正しい。　個人情報取扱事業者は、個人データの取扱いの全部又は一部を委託する場合は、その取扱いを委託された個人データの安全管理が図られるよう、委託を受けた者に対する必要かつ適切な監督を行わなければならない。従って、本記述は正しい。

B 正しい。　個人情報取扱事業者が委託先に対して行う「必要かつ適切な監督」には、委託先に20条に基づく安全管理措置を遵守させるために必要な契約を締結することが含まれる。従って、本記述は正しい。

C 正しい。　個人情報取扱事業者は、再委託の条件に関する指示を委託先に行わず、かつ委託先の個人データの取扱状況の確認を怠り、委託先が個人データの処理を再委託し、結果、再委託先が個人データを漏えいした場合は、委託を受けた者に対して必要かつ適切な監督を行っていたといえない。従って、本記述は正しい。

以上により、問題文ＡＢＣすべて正しい。

解答 ▶▶ エ

課題Ⅰ　個人情報保護の総論

> **問題 85**　以下のアからエまでのうち、個人情報取扱事業者の委託先の監督に関する【問題文A】及び【問題文B】の正誤の組合せとして正しいものを1つ選びなさい。
>
> 【問題文A】優越的地位にある個人情報取扱事業者が委託元の場合、委託元は、委託先との責任分担を無視して、本人からの損害賠償請求に係る責務を一方的に委託先に課す、委託先からの報告や監査において過度な負担を強いるなど、委託先に不当な負担を課すことがあってはならない。
>
> 【問題文B】個人情報取扱事業者が個人データの取扱いを委託する場合に契約に盛り込むことが望まれる事項として、再委託に関する事項は挙げられていない。
>
> ア．A＝○　B＝○
> イ．A＝○　B＝×
> ウ．A＝×　B＝○
> エ．A＝×　B＝×

解説 ▶▶ 委託先の監督（22条）

個人情報保護法22条は、個人情報取扱事業者は、個人データの取扱いの全部又は一部を委託する場合は、その取扱いを委託された個人データの安全管理が図られるよう、委託を受けた者に対する必要かつ適切な監督を行わなければならないと定めている。

A　正しい。　優越的地位にある者が委託元の場合、委託元は、委託先との責任分担を無視して、本人からの損害賠償請求に係る責務を一方的に委託先に課す、委託先からの報告や監査において過度な負担を強いるなど、委託先に不当な負担を課すことがあってはならないとされている。従って、本記述は正しい。

B　誤り。　個人情報取扱事業者が個人データの取扱いを委託する場合に契約に盛り込むことが望まれる事項としては、「再委託に関する事項」が挙げられる。従って、本記述は誤っている。

以上により、問題文Aは正しいが、問題文Bは誤っている。

解答 ▶▶ イ

問題86 以下のアからエまでのうち、個人情報取扱事業者の委託先の監督に関する【問題文A】及び【問題文B】の正誤の組合せとして正しいものを1つ選びなさい。

【問題文A】個人情報取扱事業者が、個人データの取扱いを委託する場合に契約に盛り込むことが望まれる事項には、委託契約終了後の個人データの返還・消去・廃棄に関する事項は含まれない。

【問題文B】委託契約には、当該個人データの取扱いに関する、必要かつ適切な安全管理措置として、委託元、委託先双方が同意した内容とともに、委託先における委託された個人データの取扱状況を合理的に把握することを盛り込むことが望ましい。

ア．A＝○　B＝○
イ．A＝○　B＝×
ウ．A＝×　B＝○
エ．A＝×　B＝×

解説▶▶ 委託先の監督（22条）

個人情報保護法22条は、個人情報取扱事業者は、個人データの取扱いの全部又は一部を委託する場合は、その取扱いを委託された個人データの安全管理が図られるよう、委託を受けた者に対する必要かつ適切な監督を行わなければならないと定めている。

A 誤り。 個人情報取扱事業者が、個人データの取扱いを委託する場合に契約に盛り込むことが望まれる事項には、「個人データの安全管理に関する事項」があり、その具体例の一つとして、「委託契約終了後の個人データの返還・消去・廃棄に関する事項」が挙げられる。従って、本記述は誤っている。

B 正しい。 委託契約には、当該個人データの取扱いに関する、必要かつ適切な安全管理措置として、委託元、委託先双方が同意した内容とともに、委託先における委託された個人データの取扱状況を合理的に把握することを盛り込むことが望ましいとされている。従って、本記述は正しい。

以上により、問題文Bは正しいが、問題文Aは誤っている。

解答▶▶ ウ

個人情報保護法の理解

問題87 以下のアからエまでのうち、個人データの第三者への提供に関する【問題文A】及び【問題文B】の正誤の組合せとして正しいものを1つ選びなさい。

【問題文A】親子兄弟会社、グループ会社の間で個人データを交換する場合、原則として、あらかじめ本人の同意を得ることが必要である。

【問題文B】同業者間で、特定の個人データを交換する場合、原則として、あらかじめ本人の同意を得ることが必要である。

ア．A＝○　B＝○
イ．A＝○　B＝×
ウ．A＝×　B＝○
エ．A＝×　B＝×

解説▶▶ 個人データの第三者への提供（23条1項）

個人情報保護法23条1項は、個人データを第三者に提供するときは、原則として、あらかじめ本人の同意を得なければならないとし、その例外についても定めている。

A 正しい。 親子兄弟会社、グループ会社の間で個人データを交換する場合、個人データの第三者提供に当たるため、原則として、あらかじめ本人の同意を得ることが必要である。従って、本記述は正しい。

B 正しい。 同業者間で、特定の個人データを交換する場合、個人データの第三者提供に当たるため、原則として、あらかじめ本人の同意を得ることが必要である。従って、本記述は正しい。

以上により、問題文ABはともに正しい。

解答 ▶▶ ア

課題Ⅰ　個人情報保護の総論

> 問題88　以下のアからエまでのうち、個人データの第三者への提供に関する【問題文Ａ】及び【問題文Ｂ】の正誤の組合せとして正しいものを1つ選びなさい。
>
> 【問題文Ａ】個人情報取扱事業者が個人データを第三者に提供する場合、それが公衆衛生の向上又は児童の健全な育成の推進のために特に必要がある場合であって、本人の同意を得ることが困難であるときは、あらかじめ本人の同意を得る必要はない。
>
> 【問題文Ｂ】個人情報取扱事業者が、地方公共団体が行う統計調査に回答する場合、個人データを提供することについて、あらかじめ本人の同意を得る必要はない。
>
> **ア**.　A＝○　B＝○
> **イ**.　A＝○　B＝×
> **ウ**.　A＝×　B＝○
> **エ**.　A＝×　B＝×

解説▶▶ 個人データの第三者への提供（23条１項）

個人情報保護法23条１項は、個人データを第三者に提供するときは、原則として、あらかじめ本人の同意を得なければならないとし、その例外についても定めている。

A 正しい。 個人情報取扱事業者が個人データを第三者に提供する場合において、23条１項３号は、「公衆衛生の向上又は児童の健全な育成の推進のために特に必要がある場合であって、本人の同意を得ることが困難であるとき。」は、例外的に、あらかじめ本人の同意を得る必要がない旨定めている。従って、本記述は正しい。

B 正しい。 個人情報取扱事業者が個人データを第三者に提供する場合において、23条１項４号は、「国の機関若しくは地方公共団体又はその委託を受けた者が法令の定める事務を遂行することに対して協力する必要がある場合であって、本人の同意を得ることにより当該事務の遂行に支障を及ぼすおそれがあるとき。」は、例外的に、あらかじめ本人の同意を得る必要がない旨定めている。地方公共団体が行う統計調査に回答する場合はこれに当たるので、個人データを提供することについて、あらかじめ本人の同意を得る必要はない。従って、本記述は正しい。

以上により、問題文ＡＢはともに正しい。

解答▶▶ ア

課題Ⅰ　個人情報保護の総論

問題89 以下のアからエまでのうち、個人データの第三者への提供に関する【問題文A】及び【問題文B】の正誤の組合せとして正しいものを１つ選びなさい。

【問題文A】個人情報取扱事業者が、フランチャイズ組織の本部と加盟店の間で個人データを交換する場合、原則として、あらかじめ本人の同意を得る必要はない。

【問題文B】個人情報取扱事業者が、本人から同意を取得するに当たっては、事業の性質及び個人情報の取扱状況に応じ、本人が同意に係る判断を行うために必要と考えられる合理的かつ適切な範囲の内容を明確に示すこととされている。

ア．　A＝○　　B＝○
イ．　A＝○　　B＝×
ウ．　A＝×　　B＝○
エ．　A＝×　　B＝×

解説 ▶▶ 個人データの第三者への提供（23条1項）

個人情報保護法23条１項は、個人データを第三者に提供するときは、原則として、あらかじめ本人の同意を得なければならないとし、その例外についても定めている。

A 誤り。 個人情報取扱事業者が、フランチャイズ組織の本部と加盟店の間で個人データを交換する場合、原則として、あらかじめ本人の同意を得る必要がある。従って、本記述は誤っている。

B 正しい。 個人情報取扱事業者が、本人から同意を取得するに当たっては、事業の性質及び個人情報の取扱状況に応じ、本人が同意に係る判断を行うために必要と考えられる合理的かつ適切な範囲の内容を明確に示すこととされている。従って、本記述は正しい。

以上により、問題文Bは正しいが、問題文Aは誤っている。

解答 ▶▶ ウ

問題90 個人データの第三者への提供に当たり、あらかじめ、法の要求する事項すべてを本人に通知し、又は本人が容易に知り得る状態に置いておくとともに、本人の求めに応じて第三者への提供を停止することを「第三者提供におけるオプトアウト」という。この「第三者提供におけるオプトアウト」に関する以下のアからエまでの記述のうち、誤っているものを1つ選びなさい。

ア．個人情報取扱事業者は、「第三者提供におけるオプトアウト」を行っている場合には、本人の同意なく、個人データを第三者に提供することができる。

イ．個人情報取扱事業者は、「第三者提供におけるオプトアウト」を行う場合、第三者に提供される個人データの項目を、あらかじめ本人に通知し、又は本人が容易に知り得る状態に置かなければならない。

ウ．個人情報取扱事業者が、「第三者提供におけるオプトアウト」の方法によって個人データを第三者へ提供する場合、提供の方法としてインターネットによる公開の方法は許されない。

エ．オプトアウトの方法によって個人データを第三者に提供する場合、例えば、名簿等の入手元を明らかにしないことを条件に販売するなどのように、提供元の個人情報取扱事業者は、提供先に対して、その個人データの入手元を開示することを妨げるようなことは避けることが望ましい。

課題Ⅰ　個人情報保護の総論

解説▶▶ 個人データの第三者への提供の制限（オプトアウト）（23条2項）

個人情報保護法23条2項は、「第三者提供におけるオプトアウト」を定めている。この「第三者提供におけるオプトアウト」とは、23条2項各号に挙げられた事項について、あらかじめ、本人に通知し、又は本人が容易に知り得る状態に置いておくとともに、本人の求めに応じて個人データの第三者への提供を停止することとしている場合をいう。この「第三者提供におけるオプトアウト」を行っている場合には、本人の同意なく、当該個人データを第三者に提供することができる。

ア　正しい。　個人情報取扱事業者は、「第三者提供におけるオプトアウト」を行っている場合には、本人の同意なく、個人データを第三者に提供することができる（23条2項）。従って、本記述は正しい。

イ　正しい。　個人情報取扱事業者は、「第三者提供におけるオプトアウト」を行っている場合に、23条2項2号は、「第三者に提供される個人データの項目」について、あらかじめ、本人に通知し、又は本人が容易に知り得る状態に置かなければならないとしている。従って、本記述は正しい。

ウ　誤り。　オプトアウトの方法によって個人データを第三者に提供する場合の「提供」とは、個人データを利用可能な状態に置くことをいう。インターネットに掲載して公開することもこの「提供」に当たるため、オプトアウトの方法により行うことができる。従って、本記述は誤っている。

エ　正しい。　オプトアウトの方法によって個人データを第三者に提供する場合、例えば、名簿等の入手元を明らかにしないことを条件に販売するなどのように、提供元の個人情報取扱事業者は、提供先に対して、その個人データの入手元を開示することを妨げるようなことは避けることが望ましいとされている。従って、本記述は正しい。

解答▶▶ウ

問題 91 以下のアからエまでのうち、個人データの第三者への提供に関する【問題文A】及び【問題文B】の正誤の組合せとして正しいものを1つ選びなさい。

【問題文A】個人情報取扱事業者が、合併により、新会社に個人データを渡す場合、その新会社は個人データの第三者提供における「第三者」に当たる。

【問題文B】情報処理を終えた受託業者が、委託した個人情報取扱事業者に返却のために個人データを提供する場合、受取人である個人情報取扱事業者は個人データの第三者提供における「第三者」に当たらない。

ア．A＝○　B＝○
イ．A＝○　B＝×
ウ．A＝×　B＝○
エ．A＝×　B＝×

課題Ⅰ　個人情報保護の総論

解説▶▶ 個人データの第三者への提供（23条4項、改正後23条5項）

個人情報保護法は、23条1項で、原則として個人データの第三者提供を制限しているが、23条4項（改正後23条5項）は、個人データの第三者提供における「第三者」に当たらない場合を定めている。本問は、この第三者提供における「第三者」についての理解を問うものである。

A　誤　り。　23条4項2号（改正後23条5項2号）は、個人データの提供の相手方が個人情報保護法上、個人データの第三者提供における「第三者」に当たらない場合として、「合併その他の事由による事業の承継に伴って個人データが提供される場合」を挙げており、その具体例としては、合併、分社化により、新会社に個人データを渡す場合が挙げられる。従って、本記述は誤っている。

B　正しい。　個人情報保護法は、23条4項各号（改正後23条5項各号）で、個人データの提供の相手方が個人情報保護法上、個人データの第三者提供における「第三者」に当たらない場合を定めている。このうち、23条4項1号（改正後23条5項1号）は、「個人情報取扱事業者が利用目的の達成に必要な範囲内において個人データの取扱いの全部又は一部を委託することに伴って当該個人データが提供される場合」を挙げている。このことから、情報処理を終えた受託業者が、委託した個人情報取扱事業者に返却のために個人データを提供する場合も、受取人である個人情報取扱事業者は個人データの第三者提供における「第三者」に当たらないことになる。従って、本記述は正しい。

以上により、問題文Aは誤っているが、Bは正しい。

解答▶▶ ウ

問題 92 以下のアからエまでの記述のうち、保有個人データに関する【問題文A】から【問題文C】の内容として正しいものを1つ選びなさい。

【問題文A】個人情報取扱事業者は、一定の場合を除き、すべての保有個人データの利用目的を本人の知り得る状態に置かなければならない。

【問題文B】個人情報取扱事業者は、利用目的を本人に通知し、又は公表することにより本人又は第三者の生命、身体、財産その他の権利利益を害するおそれがある場合には、保有個人データの利用目的を、本人の知り得る状態に置かなくてもよい。

【問題文C】個人情報取扱事業者は、個人情報保護法の規定に基づき本人から求められた保有個人データの利用目的を通知しない旨の決定をしたときにおいては、何ら通知を行う必要はない。

ア．Aのみ誤っている。
イ．Bのみ誤っている。
ウ．Cのみ誤っている。
エ．すべて正しい。

解説 ▶▶ 保有個人データに関する事項の公表等（24条、改正後27条）

個人情報保護法24条1項（改正後27条1項）は、個人情報取扱事業者が、保有個人データに関し、本人の知り得る状態（本人の求めに応じて遅滞なく回答する場合を含む。）に置かなければならない事項を定めている。また、24条3項（改正後27条3項）は、保有個人データの利用目的を通知しない旨の決定をしたときは、本人に対し、遅滞なく、その旨を通知しなければならないと定めている。

A 正しい。 24条1項（改正後27条1項）各号は、個人情報取扱事業者が、保有個人データに関し、本人の知り得る状態に置かなければならない事項を定めている。このうち2号は、「すべての保有個人データの利用目的（18条第4項第1号から3号までに該当する場合を除く。）」を挙げている。従って、本記述は正しい。

B 正しい。 24条1項（改正後27条1項）各号は、個人情報取扱事業者が、保有個人データに関し、本人の知り得る状態（本人の求めに応じて遅滞なく回答する場合を含む。）に置かなければならない事項を定めている。このうち2号は、「すべての保有個人データの利用目的」を挙げているが、18条4項1号から3号までに該当する場合は除外されている。そして、18条4項1号は、「利用目的を本人に通知し、又は公表することにより本人又は第三者の生命、身体、財産その他の権利利益を害するおそれがある場合」を挙げている。従って、本記述は正しい。

C 誤 り。 個人情報取扱事業者は、個人情報保護法の規定に基づき本人から求められた保有個人データの利用目的を通知しない旨の決定をしたときは、本人に対し、遅滞なく、その旨を通知しなければならない（24条3項、改正後27条3項）。従って、本記述は誤っている。

以上により、問題文ABは正しいが、Cは誤っている。

解答 ▶▶ ウ

問題93 以下のアからエまでのうち、保有個人データの開示に関する【問題文A】及び【問題文B】の正誤の組合せとして正しいものを1つ選びなさい。

【問題文A】個人情報取扱事業者は、本人からの求めに応じて保有個人データの開示を行う場合、本人が同意している場合には、電子メールの方法によることができる。

【問題文B】個人情報取扱事業者は、本人から、当該本人が識別される保有個人データの開示を求められた場合、同一の本人から複雑な対応を要する同一内容について繰り返し開示の求めがあり、事実上問い合わせ窓口が占有されることによって他の問い合わせ対応業務が立ち行かなくなる等、業務上著しい支障を及ぼすおそれがある場合は、その全部又は一部を開示しないことができる。

ア. A = ◯ B = ◯
イ. A = ◯ B = ×
ウ. A = × B = ◯
エ. A = × B = ×

解説 ▶▶ 保有個人データの開示（25条）

個人情報保護法25条1項本文は、個人情報取扱事業者は、本人から、当該本人が識別される保有個人データの開示（当該本人が識別される保有個人データが存在しないときにその旨を知らせることを含む）を求められたときは、本人に対し、政令で定める方法により、遅滞なく、当該保有個人データを開示しなければならないと定めている。

A 正しい。　保有個人データの開示をする方法については、「書面の交付による方法（開示の求めを行った者が同意した方法があるときは、当該方法）」と定められている（25条1項、個人情報の保護に関する法律施行令6条）。よって、本人が同意している場合には、電子メールの方法により開示することができる。従って、本記述は正しい。

B 正しい。　個人情報取扱事業者は、本人から、当該本人が識別される保有個人データの開示を求められた場合であっても、「当該個人情報取扱事業者の業務の適正な実施に著しい支障を及ぼすおそれがある場合」には、例外的にその全部又は一部を開示しないことができる（25条1項2号）。同一の本人から複雑な対応を要する同一内容について繰り返し開示の求めがあり、事実上問い合わせ窓口が占有されることによって他の問い合わせ対応業務が立ち行かなくなる等、業務上著しい支障を及ぼすおそれがある場合はこれに当たり、当該保有個人データの全部又は一部を開示しないことができる。従って、本記述は正しい。

以上により、問題文ABはともに正しい。

解答 ▶▶ ア

問題94 以下のアからエまでのうち、保有個人データの訂正等に関する【問題文A】及び【問題文B】の正誤の組合せとして正しいものを1つ選びなさい。

【問題文A】個人情報取扱事業者は、本人から、当該本人が識別される保有個人データの内容が事実でないという理由によって当該保有個人データの内容の訂正等を求められた場合には、原則として、利用目的の達成に必要な範囲内において、遅滞なく必要な調査を行い、その結果に基づき、当該保有個人データの内容の訂正等を行わなければならない。

【問題文B】個人情報取扱事業者は、本人から、当該本人が識別される保有個人データの内容が事実でないという理由によって当該保有個人データの内容の訂正等を求められた場合であっても、訂正等の対象が評価に関する情報であるときは、個人情報保護法の規定に基づく当該保有個人データの内容の訂正等を行わなくてもよい。

ア．A＝○　B＝○
イ．A＝○　B＝×
ウ．A＝×　B＝○
エ．A＝×　B＝×

解説 ▶▶ 保有個人データの訂正等（26条）

個人情報保護法26条は、個人情報取扱事業者は、本人から、当該本人が識別される保有個人データの内容が事実でないという理由によって当該保有個人データの内容の訂正等（訂正・追加・削除）を求められた場合には、原則として、利用目的の達成に必要な範囲内において、遅滞なく必要な調査を行い、その結果に基づき、当該保有個人データの内容の訂正等を行わなければならないと規定している。

A 正しい。 個人情報取扱事業者は、本人から、当該本人が識別される保有個人データの内容が事実でないという理由によって当該保有個人データの内容の訂正等（訂正・追加・削除）を求められた場合には、その内容の訂正等に関して他の法令の規定により特別の手続が定められている場合を除き、利用目的の達成に必要な範囲内において、遅滞なく必要な調査を行い、その結果に基づき、当該保有個人データの内容の訂正等を行わなければならない（26条1項）。従って、本記述は正しい。

B 正しい。 個人情報取扱事業者が、個人情報保護法の規定に基づき、当該保有個人データの内容の訂正等を行わなければならないのは、事実に関する情報のみである。このため、訂正等の対象が評価に関する情報であるときは、当該保有個人データの内容の訂正等の義務を負わない。従って、本記述は正しい。

以上により、問題文ABはともに正しい。

解答 ▶▶ ア

問題 95　以下のアからエまでのうち、保有個人データの利用停止等に関する【問題文A】及び【問題文B】の正誤の組合せとして正しいものを1つ選びなさい。

【問題文A】個人情報取扱事業者は、本人から、当該本人が識別される保有個人データが不適正に取得されたという理由によって、保有個人データの利用停止等の請求を受けた場合に、その請求に理由があることが判明したときであっても、原則として、当該保有個人データの利用を停止しなくてもよい。

【問題文B】個人情報取扱事業者は、本人からの請求に応じて保有個人データの全部又は一部について利用停止等を行わない旨の決定をしたときは、本人に対し、遅滞なく、その旨を通知しなければならない。

ア．A＝〇　B＝〇
イ．A＝〇　B＝×
ウ．A＝×　B＝〇
エ．A＝×　B＝×

解説 ▶▶ 保有個人データの利用停止等（27条、改正後30条）

本問は、保有個人データの利用停止等（27条、改正後30条）についての理解を問うものである。

A 誤り。 個人情報取扱事業者は、本人から、当該本人が識別される保有個人データが不適正に取得されたこと（17条違反）を理由に保有個人データの利用停止等の請求を受けた場合に、その請求に理由があることが判明したときは、原則として、違反を是正するために必要な限度で、遅滞なく、当該保有個人データの利用停止等を行わなければならない（27条1項、改正後30条1項・2項）。従って、本記述は誤っている。

B 正しい。 個人情報取扱事業者は、27条1項（改正後30条1項・2項）の規定に基づき請求を受けた保有個人データの全部若しくは一部について利用停止等を行ったとき若しくは利用停止等を行わない旨の決定をしたとき、又は27条2項（改正後30条3項・4項）の規定に基づき請求を受けた保有個人データの全部若しくは一部について第三者への提供を停止したとき若しくは第三者への提供を停止しない旨の決定をしたときは、本人に対し、遅滞なく、その旨を通知しなければならない（27条3項、改正後30条1項・3項・5項）。従って、本記述は正しい。

以上により、問題文Aは誤っているが、Bは正しい。

解答 ▶▶ ウ

問題 96 以下のアからエまでのうち、保有個人データの開示等の請求等に応じる手続に関する【問題文A】及び【問題文B】の正誤の組合せとして正しいものを1つ選びなさい。

【問題文A】個人情報取扱事業者が、保有個人データの開示等の請求等を受け付ける方法を合理的な範囲で定めたときで、請求等を行った者がそれに従わなかった場合は、開示等を拒否することができる。

【問題文B】個人情報取扱事業者は、本人に対し、開示等の請求等に関し、その対象となる保有個人データを特定するに足りる事項の提示を求めることができる。

ア．A＝○　B＝○
イ．A＝○　B＝×
ウ．A＝×　B＝○
エ．A＝×　B＝×

解説 ▶▶ 保有個人データの開示等の請求等に応じる手続（29条、改正後32条）

個人情報保護法29条（改正後32条）は、保有個人データの開示等の請求等に応じる手続について定めている。

A 正しい。 個人情報取扱事業者は、開示等の請求等に関し、政令で定めるところにより、その請求等を受け付ける方法を定めることができる（29条1項前段、改正後32条1項前段）。この場合において、本人は、当該方法に従って、開示等の請求等を行わなければならない。個人情報取扱事業者が、開示等の請求等を受け付ける方法を合理的な範囲で定めたときで、請求等を行った者がそれに従わなかった場合は、開示等を拒否することができる。従って、本記述は正しい。

B 正しい。 個人情報取扱事業者は、本人に対し、開示等の請求等に関し、その対象となる保有個人データを特定するに足りる事項の提示を求めることができる（29条2項前段、改正後32条2項前段）。従って、本記述は正しい。

以上により、問題文ＡＢはともに正しい。

解答 ▶▶ ア

個人情報保護法の理解

問題97 以下のアからエまでの記述のうち、個人情報取扱事業者の苦情の処理に関する【問題文A】から【問題文C】の内容として正しいものを1つ選びなさい。

【問題文A】個人情報保護法上の苦情の処理義務の対象となる苦情は、本人の個人情報の取扱いに関するものに限られる。

【問題文B】個人情報取扱事業者は、苦情の適切かつ迅速な処理を行うに当たり、苦情処理窓口の設置等の必要な体制の整備に努めなければならない。

【問題文C】個人情報取扱事業者は、当該個人情報取扱事業者が行う保有個人データの取扱いに関する苦情の申出先について、本人の知り得る状態に置かなければならない。

ア．Aのみ誤っている。
イ．Bのみ誤っている。
ウ．Cのみ誤っている。
エ．すべて正しい。

課題Ⅰ　個人情報保護の総論

解説▶▶ 苦情処理（31条、改正後35条）

個人情報保護法31条（改正後35条）は、個人情報取扱事業者の苦情の処理について定めている。

A 誤　り。　個人情報取扱事業者は、個人情報の取扱いに関する苦情の適切かつ迅速な処理に努めなければならない（31条1項、改正後35条1項）。そして、苦情の処理義務の対象となる苦情は、本人の個人情報の取扱いに関するものに限定されない。従って、本記述は誤っている。

B 正しい。　個人情報取扱事業者は、苦情の適切かつ迅速な処理を行うに当たり、必要な体制の整備に努めなければならない（31条2項、改正後35条2項）。必要な体制の整備としては、苦情処理窓口の設置や苦情処理の手順を定めること等が挙げられる。従って、本記述は正しい。

C 正しい。　個人情報取扱事業者は、当該個人情報取扱事業者が行う保有個人データの取扱いに関する苦情の申出先について、本人の知り得る状態に置かなければならない（24条1項4号、改正後27条1項4号、個人情報の保護に関する法律施行令5条1号）。従って、本記述は正しい。

以上により、問題文BCは正しいが、Aは誤っている。

解答▶▶ ア

問題 98 以下のアからエまでのうち、主務大臣（改正後は個人情報保護委員会）の関与に関する【問題文A】及び【問題文B】の正誤の組合せとして正しいものを1つ選びなさい。

【問題文A】主務大臣（改正後は個人情報保護委員会）は、個人情報取扱事業者の義務規定の施行に必要な限度において、個人情報取扱事業者に対し、個人情報の取扱いに関し必要な助言をすることができる。

【問題文B】主務大臣（改正後は個人情報保護委員会）は、個人情報保護法の規定に基づき勧告を受けた個人情報取扱事業者が正当な理由がなくてその勧告に係る措置をとらなかった場合において、個人の重大な権利利益の侵害が切迫していると認めるときは、当該個人情報取扱事業者に対し、その勧告に係る措置をとるべきことを命ずることができる。

ア．A＝○　B＝○
イ．A＝○　B＝×
ウ．A＝×　B＝○
エ．A＝×　B＝×

課題Ⅰ　個人情報保護の総論

> **解説▶▶** 主務大臣（改正後は個人情報保護委員会）の関与（32条～36条、改正後40条～46条）

個人情報保護法は、主務大臣（改正後は個人情報保護委員会）が個人情報取扱事業者に対し、32条（改正後40条）で個人情報の取扱いに関し報告をさせることができる旨を、33条（改正後41条）で個人情報の取扱いに関し必要な助言をすることができる旨を、34条（改正後42条）で勧告及び命令をすることができる旨を、35条（改正後43条）で主務大臣（改正後は個人情報保護委員会）の権限行使の制限を、36条（改正後46条）で主務大臣（改正後は個人情報保護委員会）について定めている。

A 正しい。　主務大臣（改正後は個人情報保護委員会）は、個人情報取扱事業者の義務規定の施行に必要な限度において、個人情報取扱事業者に対し、個人情報の取扱いに関し必要な助言をすることができる（33条、改正後41条）。従って、本記述は正しい。

B 正しい。　主務大臣（改正後は個人情報保護委員会）は、34条1項の規定に基づき勧告を受けた個人情報取扱事業者が正当な理由がなくてその勧告に係る措置をとらなかった場合において、個人の重大な権利利益の侵害が切迫していると認めるときは、当該個人情報取扱事業者に対し、その勧告に係る措置をとるべきことを命ずることができる（34条2項、改正後42条2項）。従って、本記述は正しい。

以上により、問題文ABはともに正しい。

解答▶▶ ア

以下のアからエまでの記述のうち、認定個人情報保護団体に関する【問題文A】から【問題文C】の内容として、正しいものを1つ選びなさい。

【問題文A】認定個人情報保護団体は、その認定を受けた旨を公表されることはない。

【問題文B】認定個人情報保護団体は、認定業務の実施に際して知り得た情報を認定業務の用に供する目的以外に利用してはならない。

【問題文C】認定個人情報保護団体は、対象事業者の氏名又は名称を公表しなければならない。

ア．Aのみ誤っている。
イ．Bのみ誤っている。
ウ．Cのみ誤っている。
エ．すべて正しい。

課題Ⅰ　個人情報保護の総論

> **解説** ▶▶ 認定個人情報保護団体（37条～49条、改正後47条～58条）

個人情報保護法は、37条から49条（改正後47条から58条）で、認定個人情報保護団体（個人情報取扱事業者の個人情報の適正な取扱いの確保を目的として法の定める業務を行う団体で、主務大臣（改正後は個人情報保護委員会）の認定を受けたもの）について定めている。

A 誤　り。　主務大臣（改正後は個人情報保護委員会）は認定個人情報保護団体の認定を行った場合、これを公示しなければならないとされている（37条3項、改正後47条3項）。従って、本記述は誤っている。

B 正しい。　認定個人情報保護団体は、認定業務の実施に際して知り得た情報を認定業務の用に供する目的以外に利用してはならない（44条、改正後54条）。従って、本記述は正しい。

C 正しい。　認定個人情報保護団体は、対象事業者の氏名又は名称を公表しなければならないとされている（41条2項、改正後51条2項）。従って、本記述は正しい。

以上により問題文Aは誤っているが、ＢＣは正しい。

解答 ▶▶ ア

問題100 個人情報保護法上、一定の個人情報取扱事業者が一定の目的で個人情報を取り扱う場合、個人情報取扱事業者の義務規定の適用が除外されることがある。以下のアからエまでの記述のうち、この適用除外に関する【問題文A】から【問題文C】の内容として正しいものを1つ選びなさい。

【問題文A】大学等の団体に属さず学術研究を行う個人が、学術研究の用に供する目的で個人情報を取り扱う場合、個人情報取扱事業者の義務規定の適用が除外される。

【問題文B】報道を業として行う個人が報道の用に供する目的で個人情報を取り扱う場合、個人情報取扱事業者の義務規定の適用が除外される。

【問題文C】個人情報取扱事業者たる宗教団体が、宗教活動に付随する活動の用に供する目的で個人情報を取り扱う場合、個人情報取扱事業者の義務規定の適用が除外される。

ア．Aのみ誤っている。
イ．Bのみ誤っている。
ウ．Cのみ誤っている。
エ．すべて正しい。

解説 ▶▶ 適用除外（50条、改正後76条）

個人情報保護法は、50条（改正後76条）で、憲法上の権利を尊重するため、個人情報取扱事業者のうち一定の者については、法の定める個人情報取扱事業者の義務規定を適用しない場合を定めている。本問は、この適用除外についての理解を問うものである。

A 誤り。 50条（改正後76条）1項各号は、一定の個人情報取扱事業者が、一定の目的で個人情報を取り扱う場合、個人情報取扱事業者の義務規定を適用しない旨を定めている。学術研究を主たる目的とする機関等が学術研究の用に供する目的で個人情報を取り扱う場合には、3号により法の適用が除外されるが、この規定の対象は「大学その他の学術研究を目的とする機関若しくは団体又はそれらに属する者」とされており、それらに属さない者は含まれない。このため、大学等の団体に属さず学術研究を行う個人が、学術研究の用に供する目的で個人情報を取り扱う場合、個人情報取扱事業者の義務規定の適用が除外されることはない。従って、本記述は誤っている。

B 正しい。 50条（改正後76条）1項各号は、一定の個人情報取扱事業者が、一定の目的で個人情報を取り扱う場合、個人情報取扱事業者の義務規定を適用しない旨を定めている。このうち1号は、放送機関、新聞社、通信社その他の報道機関（報道を業として行う個人を含む。）が「報道の用に供する目的」で取り扱う場合を挙げている。従って、本記述は正しい。

C 正しい。 50条（改正後76条）1項各号は、一定の個人情報取扱事業者が、一定の目的で個人情報を取り扱う場合、個人情報取扱事業者の義務規定を適用しない旨を定めている。このうち4号は、宗教団体が「宗教活動（これに付随する活動を含む。）の用に供する目的」で取り扱う場合を挙げている。従って、本記述は正しい。

以上により問題文Aは誤っているが、BCは正しい。

解答 ▶▶ ア

個人情報保護実務検定3級試験申込書

試験日	平成　年　月　日	会社名	部署名	学校名	
会場名					
フリガナ		性別	生年月日（西暦）		年齢
氏名		男・女	年　　月　　日		歳
フリガナ					
個人住所	〒　　　　　　　　　　TEL　（　）				
メールアドレス	＠				
受験会場	札幌　仙台　東京　横浜　大宮　千葉　名古屋　津　大阪　京都　岡山　広島　福岡　沖縄　※会場は変更の可能性がありますので、必ずホームページでご確認ください。				
受験料	6,000円（税抜）				

【ご記入前にお読みください】

①当協会の検定試験のお申込みは、本申込書にご記入の上、当協会までお送りください。
②団体でのお申込みは、取りまとめ者の方が一括して当協会までお送りください（20名以上の場合は、当協会までお問い合わせください）。
③上記の枠内は、すべてご記入ください。
④お申込みいただきますと、試験の中止等の理由以外ではキャンセルできません。
⑤受験会場はホームページ、チラシなどで必ずご確認の上、上記枠内にご記入ください。
⑥申込期間内に申込書を当協会までご郵送ください（申込期間最終日の消印まで有効）。
⑦個人情報の取り扱いにつきましては、当協会ホームページの「プライバシーポリシー」をご確認ください。
※試験の種類、試験日、受験地区、申込期間は必ず当協会のホームページ、チラシなどでご確認ください。

一般財団法人 全日本情報学習振興協会
http://www.joho-gakushu.or.jp/

申込書発送先

〒101-0061
東京都千代田区三崎町3-7-12　清話会ビル5F
一般財団法人 全日本情報学習振興協会
TEL：03-5276-0030　　FAX：03-5276-0551

一般社会人に必須の
個人情報保護実務検定3級 公式問題集

2016年7月27日　初版第1刷発行

編　者	一般財団法人 全日本情報学習振興協会
発行者	牧野 常夫
発行所	一般財団法人 全日本情報学習振興協会

〒101-0061　東京都千代田区三崎町 3-7-12
　　　　　　清話会ビル5F
　　　　　　TEL：03-5276-6665

発売所	株式会社 泰文堂

〒108-0075　東京都港区港南 2-16-8
　　　　　　ストーリア品川 17F
　　　　　　TEL：03-6712-0333

DTP	株式会社 明昌堂
印刷・製本	株式会社 トキワメディアサービス

※本書のコピー、スキャン、電子データ化等の無断複製は、著作権法上での例外を除き、禁じられております。
※乱丁・落丁は、ご面倒ですが、一般財団法人 全日本情報学習振興協会までお送りください。送料は弊財団負担にてお取り替えいたします。
※定価はカバーに表示してあります。

Ⓒ2016　一般財団法人 全日本情報学習振興協会　Printed in Japan

ISBNコード　978-4-8030-0939-2　C2034

好評既刊書籍

マイナンバー実務検定
過去問題・解答・解説集
Vol.3-1 1級　Vol.3-2 2級　Vol.3-3 3級

- マイナンバー対策の決定版
- 詳しい解説で学習効率UP
- 合格必須の過去問題集

```
定価　1級・2級　1,800円＋税
　　　3級　　　1,200円＋税
```